助人者危機介入的隨身指南

Pocket Guide to Crisis Intervention

- Albert R. Roberts & Kenneth R. Yeager 著
- 賴念華 校閱
- 方匯德、呂伯杰、張家瑜、陳巧芸、黃灤、賴念華 譯

Pocket Guide to CRISIS INTERVENTION

ALBERT R. ROBERTS
KENNETH R. YEAGER

目錄

作者簡介

已故的 **Albert R. Roberts** 曾是羅格斯大學人文與科學學院（School of Arts and Sciences）的刑法學教授（Professor of Criminal Justice），並擔任期刊《短期治療與危機介入》（*Brief Treatment and Crisis Intervention*）的主編。

Kenneth R. Yeager 是俄亥俄州立大學精神與社會工作副教授（Associate Professor of Psychiatry and Social Work），並兼任俄亥俄州立大學醫學中心的品質管理主任（Director of Quality Assurance），以及俄亥俄州立大學哈汀精神專科醫院（OSU Harding Hospital）的精神科門診臨床主任（Clinical Director of Outpatient Psychiatry Services）。

校閱者簡介

賴念華

學歷：國立臺灣師範大學教育心理與輔導研究所博士

經歷：國立臺北教育大學心理與諮商學系教授兼系主任

國立臺北教育大學心輔組組長

中國文化大學心理輔導研究所副教授

國立臺灣師範大學學生輔導中心副研究員

臺北市永春高中輔導老師

臺北市敦化國中輔導老師

臺北市社區心理衛生中心危機處理訓練師及安心服務員督導

證照：諮商心理師高考及格

美國心理劇、社會計量與團體心理治療考試委員會（The American Board of Examiners in Psychodrama, Sociometry and Group Psychotherapy，簡稱ABEPSGP）認證之訓練師、教育者、導演（Trainer, Educator, Practitioner，簡稱TEP）

美國螺旋心理劇治療模式（The Spiral Therapeutic Model）認證之團體領導者與訓練師

譯者簡介（依姓氏筆畫排列）

方匯德

學歷：美國聖路易華盛頓大學社會工作學碩士
　　　國立臺北教育大學心理與諮商學系碩士
經歷：自由接案工作者
　　　美國聖路易Hopewell社區心理衛生中心兒童／青少年治療師

呂伯杰

學歷：國立臺北教育大學心理與諮商學系碩士
證照：諮商心理師高考及格
經歷：盼心理諮商所所長
　　　華人伴侶與家族治療協會秘書長

張家瑜

學歷：國立臺北教育大學心理與諮商學系碩士
經歷：國立善化高級中學輔導主任
　　　國立善化高級中學專任輔導教師
　　　屏東縣立東港高級中學專任輔導教師
　　　國立臺灣師範大學職涯測驗探索解釋諮詢人員
證照：諮商心理師高考及格
　　　高級中等學校輔導科教師證
　　　高級中等學校生涯規劃科教師證

陳巧芸

學歷：國立臺北教育大學心理與諮商學系碩士
經歷：毛蟲藝術心理諮商所個管心理師／諮商心理師
臺北市立中山女子高級中學輔導老師（代理）
明志科技大學學務處學生輔導組諮商心理師
證照：諮商心理師高考及格
現任：毛蟲藝術心理諮商所諮商心理師
實踐大學諮商輔導中心兼任諮商心理師

黃灐

學歷：國立臺北教育大學心理與諮商學系碩士
證照：諮商心理師高考及格
經歷：高雄「張老師」中心兼任社工員
現任：國立高雄餐旅大學諮商心理師

賴念華（見校閱者簡介）

校閱者序

近日世界各地災難頻傳，似乎讓人們開始意識到「平安就是一種幸福」；我們也開始將過往遙不可及的災難和危機，視為「生命發展歷程」的一部分。

回想臺灣 921 大地震，我隔天進入臺北災區協助災後民眾的緊急安置工作，這個經驗讓我體會到危機處理與心理諮商的大不同。原來危機處理有如醫院的急診室，我們分秒必爭為的是篩檢病患、緊急處置、度過危機、回歸生活。也因為這樣的體認，在 921 之後，我與危機工作產生了緊密連結，不僅經常進入災後現場做直接危機介入工作並擔任督導，2005 年並與黃龍杰、林雪琴、陳淑芬等夥伴一起肩負起臺北市社區心理衛生中心「安心服務員」的培訓使命。直到現在，我們這群同儕依舊維繫每月一次的安心服務員定期督導工作，並不定期做專業上的同儕討論。《助人者危機介入的隨身指南》（*Pocket Guide to Crisis Intervention*）這本書即是淑芬出國帶回來與我們分享的好書。由於書中內容豐富且架構清楚，我遂將之選用為「危機處理專題研究課程」指定用書之一。

這本書以危機介入的歷史與本質來作為起首，並將危機事件、危機類型、危機的回應，以及心理創傷與急性危機的一般症狀與徵兆都一一提出，讓讀者在連結危機關鍵因素到特定介入方式時，有一個很好的基礎。本書最特別之處，是將各式各樣的危機羅列而出，幾近無所不包，舉凡自殺、家庭危機、物質濫用、意外事故、暴力犯罪、受虐、受暴、精神疾患、HIV 陽性反應、摯愛過世、校園暴力、自然災害、飛機、鐵路爆炸、生化恐怖攻擊、凶殺等都放入各個章節中；同時，每一個危機狀況都會配以實際案例來做描述，再搭配 Albert R. Roberts 發展出來的七階段危機介入模式來說明；這七個階段包括：(1)規劃並進行危機的評估；(2)建立合作默契並快速地建立關係；(3)辨識主要問題或危機的促發因素；(4)處理感覺和情緒；(5)形成和探索替代方案；(6)實踐行動計畫；(7)追蹤；以此一一來做討論，理論與實務緊密結合，真的是提供實務工作者在處理危機時的隨身指南。

翻譯校閱過程，讚嘆能寫出這樣一本好書，可想而知作者是一位從實務經驗出發的臨床工作學者，我在閱讀時特別有所觸動，似乎我心嚮往之處即在本書中完全實現。因此，本人對作者特別感佩！

最後，本書得以完成，首先要大大感謝心理出版社願意協助出版，也耐心等候我們的翻譯歷程；感謝所有譯者同心努力堅守到最後一刻；也要感謝黃龍杰老師及蔡昕皓小姐在專有名詞翻譯上的協助與確認；最後，要感謝購買本書的讀者，相信你是有志一起從事危機工作的夥伴，期盼你們能給予指教與回饋，也願這本隨身指南能讓我們生活中的危機化為轉機。

國立臺北教育大學心理與諮商學系教授

賴念華

2013.05

譯者序

在專業助人工作中，危機處理是十分重要的一環。助人工作者無法避免面對與處理危機事件，故對於危機處理的概念與流程，助人工作者須在腦中形成清楚的藍圖以作為危機事件處理之引導。在修習危機處理專題研究時，我們初次接觸本書之原文版，發現其提供簡明之危機處理概念及介入原則，並以具體範例說明Roberts七階段危機介入模式如何應用在不同的危機類型（如：心理疾患、物質濫用、AIDS、暴力虐待等）與場域（如：校園、家庭、社會環境），因而引起我們翻譯本書之動機，於是在賴念華老師的召集下成立翻譯團隊開始進行本書之翻譯。透過分章節進行初譯、反覆閱讀與討論修正初稿，試圖讓文字貼近原意，再加以潤飾；過程中，也感謝黃龍杰老師及蔡昕皓小姐在英文專有名詞翻譯認可的協助，最後念華老師進行總校閱，使本書得以完稿。

對助人領域的學習者及工作者而言，本書提供一些具體的危機狀態評估指標、向度、處遇流程與注意事項，在危機事件中極具實務參考價值。在翻譯的過程裡，透過閱讀與理解，我們學習到Roberts七階段危機介入模式如何在不同的危機情境中應用。書中簡明的分步驟進行說明，也讓我們更清楚在面對不同的危機情境時，身為專業助人工作者可能遇到的困境及因應困境的原則與方式；本書也提醒我們注意危機事件中個體的特質與社會背景，帶著多元文化的視框敏覺於當事人所處的脈絡與位置。再者，危機事件帶來的影響往往具擴散性，牽涉的層面甚廣，無法依靠單一專業進行協助，各專業僅能就其專業訓練背景提供服務，因此，在面對危機事件時與不同專業的系統合作便相形重要。在翻譯的過程中，我們體認到危機的本質與一般諮商不同，助人者的角色是多元且豐富的，在危機情境中，助人者需視當事人情況，主動調整自身在教育、引導與資源連結之角色，以協助當事人度過危機。也因此讓我們得以重新檢視對助人工作既有的態度與信念，同時拓展自身在專業工作中的角色及認知。期盼本書的翻譯與出版能協助更多人理解危機處理有別於一般助人工作的獨特之處。

感謝我們勇敢的學習與嘗試翻譯本書，在忙碌生活中，以及論文與實習蠟燭多頭燒的拉扯中，大家都因著對本書的相信與盼望，彼此相互體諒督促，費時年餘反覆修正，使本書翻譯得以付梓。即使我們字字斟酌，然疏漏之處必定難免，尚祈各方先進多予指正。

方匯德、呂伯杰、張家瑜
陳巧芸、黃瀠、賴念華

序

相較於三十年前，不可否認地，現今世界上充斥著更多的壓力。身處即時通訊的年代，人們幾乎每分鐘都可能被其他人的悲劇所襲擊。對大多數人而言，都能輕易處理這些經驗，但對於許多人來說，這些危機也影響、甚至衝擊著他們在承受生活創傷後，加以因應、從中學習與成長的能力。

本書提供將危機轉為成長與學習經驗的指南。對了解與回應危機，Roberts 教授與 Yeager 教授提供了豐富且完整的內容，讓我們從中受惠良多。

這本《助人者危機介入的隨身指南》（*Pocket Guide to Crisis Intervention*）被設計為一本涵蓋多種危機的便捷手冊。以危機介入的歷史與危機的本質為開端，提供讀者在連結危機關鍵因素到特定介入方式時的參考。導論章節中指出可能促使危機發生的事件、危機的類型、對危機的回應，以及心理創傷與急性危機的一般症狀與徵兆。其他章節是探討危機的各種部分，並提供案例與介入方式。

本書對任何與危機個案一同工作的專業人員，以及將要加入醫療專業的學生都會有所助益。它是一本有用的教科書，也是一本容易使用的參考指南。本書的重要性是無需被誇大的。當我們越來越了解危機、創傷未經處理時所造成的長期損害，我們更能了解，不夠充分的處遇會在個人健康、福祉上造成巨大的負擔與生產力的損失。我們希望藉由這本書所提供的一些有用且經過測試的指引，能夠減少那些害處並有助學習與成長。

這樣的願景讓資深作者 Al Roberts 教授產生完成本書的強烈動機，遺憾的是，他在本書付梓出版前便已與世長辭。社會工作專業領域中（包含各層面的行為健康專業）的每一位，都會懷念他對危機工作知識的貢獻。他是位多產的作家與編輯，也是個慷慨的同事、具有啟發性的老師，我們都因他的去世而承受莫大的損失。

Roberts 博士會希望我們能使用書中的方式來幫助有需要的人，而非不斷哀悼他的離世。本書之撰寫就是為了要達成教授的願望。正如某位老哲學家所言：「願它對你多所助益，也願你為之有所助益」（much good may it do you and may you do it much good）。

Grayce M. Sills 博士
研究護士、美國護理科學院院士
俄亥俄州立大學精神病學系及護理學院榮譽教授

誌謝

謹以此書紀念 Albert R. Roberts，他在自己的個人危機以及與癌症搏鬥的過程中，仍然很有遠見地整理出本書的綱要。他在社會工作與刑事司法領域中，對危機介入、學術研究及領導能力的真知灼見，影響的不僅止於他身旁的人們。有人說，要真正衡量一位學者，就要看他透過個人學術的努力，觸動了多少人的生命、讓多少人變得更好。就 Albert R. Roberts 而言，這樣的人難以計數；在課堂上受教於 Roberts 博士的人、因其發表而在專業上進步的人、閱讀其著述的眾多學生，以及諸多因為專業人士曾經向他求教、採用其技巧而間接改變生命的個案。大家對他都只有一個結論：Roberts 博士在學術上的成就實在無可比擬、難以言喻。

在此要向我們優秀的編輯 Maura Roessner 致謝。他致力於本書的編輯，遠超出日常工作所需付出的心力，也反映出最高尚的敬業精神與學術熱忱。也要特別感謝俄亥俄州立大學精神病學系及護理學院的榮譽教授 Grayce Sills 博士暨研究護士，為本書作序並教導我欣賞創傷與危機工作中的跨專業照護。另外要感謝俄亥俄州立大學精神病學系主任 Radu Saveanu 醫生在本書出版過程中給予的支持與指引。最後要感謝公衛行政所（Mental Health Services Administration, MHSA）的 Wendy Grainger 對於本書提供許多良好的建議。

我也要特別感謝我的妻子 Donna 與孩子 Kyle 及 Katie，謝謝他們在本書籌備與寫作期間的支持以及容許我投入相當時數，沒有他們的支持與鼓勵，這本書不可能完成。最後我要衷心感謝 Beverly

Roberts 和 Seth Roberts，他們比任何人都更了解 Albert R. Roberts 博士在離開我們的生命後，遺留下的無盡空虛。

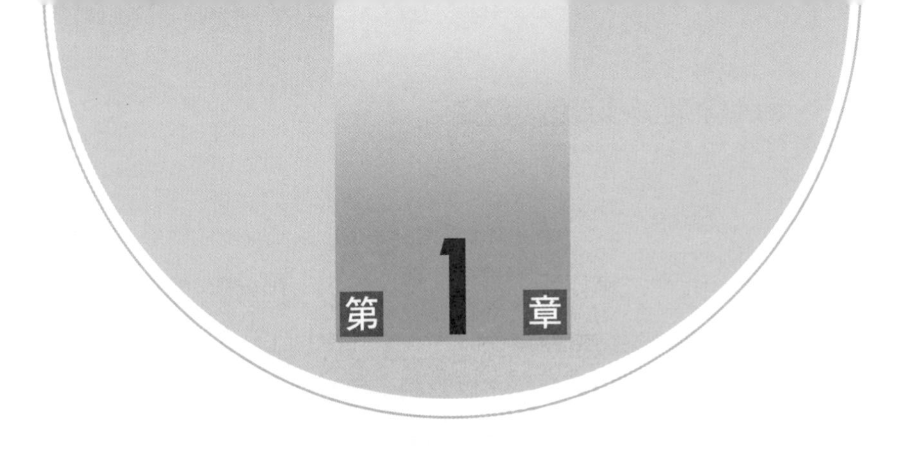

危機的定義、歷史與本質

人們生活中的情境很少會被仔細地分門別類為危機、壓力或創傷。**危機**（crisis）一詞可以廣義地被使用與指稱異常嚴重的問題，或者僅用來描述個體繁忙的一天，像是：「我正有一個接一個的危機。」（“I am having one crisis after another.”）有些人認為壓力幫助他們工作得更有效率，並能在截止期限前完成工作。也有人發現在多重壓力下會導致惡性循環，對生理與情緒造成巨大的影響（Corcoran & Roberts, 2000）。情緒性的創傷反應往往在本質上是劇烈而嚴重的，而且常常是由隨機、突然、無預警的創傷事件促成，如：自然災害、恐怖主義、大屠殺、暴力、性侵害，或是狙擊或飛車射殺等事件（Roberts, 2000, 2002）。

人們往往因為對**危機**、**壓力**（stress）和**創傷**（trauma）等名詞的真正定義和特徵（parameters）缺乏認識而誤用。在學術文獻中，其定義甚至有部分重疊。此外，個體的反應是獨特的，會受到性格、特質、氣質、保護因子、因應技巧、適應性、支持系統、壓力源、強度和持續時間所影響，有時這樣的混淆導致低估了壓力和相關條件的影響。特別是多重的壓力源對缺乏有效適應和因應技巧的個人所帶來的影響。

這本指南提出三種模式來討論危機、壓力、創傷與創傷後壓力疾患（posttraumatic stress disorder, PTSD）。原則上每個詞語會依其定義呈現，再對照不同的詞語，以刻劃出讓心理衛生專業人員混淆的相似處。不同的介入方式，會透過案例精確地描述與討論每個個體在面對某一議題時的程度與嚴重性。

危機的定義

Roberts（2005b）將危機描述成「一種心理恆定（homeostasis）的急遽崩壞，個體慣用的因應機制失效，而且出現了正在經歷困擾和功能缺損的證明。當有壓力的生活經驗削弱了個體的穩定性以及因應或正常運作的能力時，它便是對此經驗的主觀反應。」

依據危機理論，危機是一種對壓力、創傷生活事件或一連串被人**覺知**（perceived）為危險、具威脅性或極度心煩的事件的主觀反應，並且無法以慣用的因應方式解決。危機可以被視為個人成長的機會，也可以被視為危險或生活上的威脅。創傷事件可能導致危機反應，它也可以說是一座高峰或意外的轉折點，個體於此將需要幫助以找出潛藏的力量、保護因子或能力。

危機的本質

危機指的是「穩定狀態中的傾覆」，通常由五個要素構成：危險或創傷事件、脆弱或失衡的狀態、促發因子、個人覺知到的現存危機狀態，與危機的解決方式（Roberts, 2005）。就本質而言，危機是一強烈事件，不過，危機對於個體造成的衝擊乃取決於：(1)個人將事件視為苦惱或混亂的原因；(2)個人無法以其因應機制解決混亂的狀態。在論及危機時應考慮下列因素：

- 每個人都會在生命中的某些時刻，經歷急遽或具創傷性的壓力，那不必然對身體或情緒造成傷害，而是事件在個人生命脈絡的位置決定了事件是否由壓力源轉為急性危機。
- 恆定是一種人們會去尋求的自然狀態。個體（或家庭）在創傷事件導致狀態失衡時，會比較願意採納介入方案。
- 需要潛藏的資源或新的因應機制以處理創傷事件。
- 缺乏對危機事件的過去經驗，會造成焦慮和策略性努力（strategic efforts）增加。可能讓個體發現他們原本不知道但已擁有的隱藏資源。
- 危機所持續的時間是有限的，視促發事件、反應模式和可用資源而定。
- 不論壓力源或創傷事件的類型為何，都必須要能善加掌握整個危機歷程中的特定情感、認知和行為目標，以邁向解決之道。

對於危機工作者來說，具備準則或是行動藍圖以指引他們面對處於創傷事件的人是非常重要的。臨床工作者應該在面對當事人的痛苦前有所準備，採用當前最佳的危機介入模式加以緩解。本指南即特別設計來指引危機工作者進行細緻的、高效率的危機介入過程。

危機介入的歷史

藉由了解危機介入的歷史，臨床工作者可以更清楚地看見歷來

哪些方式效果最佳及其原由。臨床工作者可以使用這些知識將個案本身的能力運用於他／她的優勢來建構系統化的照護方式，使個案得到更好的服務。以下的事件對於現今所使用的危機介入方法有著極大的貢獻：

- Lindemann（1944）發表了一個經典的早期研究，是關於波士頓椰林夜總會大火劫後餘生的倖存者和家庭成員。在那場大火中有 493 人死亡。他的臨床報告中關於哀傷的心理階段，是危機介入和預防精神醫學（preventive psychiatry）的基石。Lindemann 於 1948 年設立了第一個社區心理衛生醫療中心（community mental health clinic）。他也相信神父、祭司、牧師和訓練有素的臨床工作者能幫助人們因應突然死亡和喪親的危機，避免日後產生心理疾病。
- Caplan（1964）從公共衛生的角度（public health context），提出一級、二級、三級預防的概念。一級預防的目標，是問題發生前的介入；二級預防的目標，是在問題發生時，盡量降低相關事件可能帶來的負面影響；三級預防是問題已經發生之後的介入。危機介入被認為是二級預防，因為它是用來將創傷事件發生後的有害影響降到最低。
- Shneidman 和 Farberow 於 1950 年代末期在加州的榮民醫院工作時，促成了洛杉磯自殺預防和危機服務中心（Los Angeles Sucide Prevention and Crisis Service）於 1958 年的設立。隨後不久，伊利郡（Erie County）（水牛城地區）也設立了 24 小時自殺防治和危機服務中心（24-hr Suicide Prevention and Crisis Service）。
- Erikson（1963）的生命週期發展階段（developmental stages of the

life cycle），提供了一個了解過渡性危機的理論基礎。譬如：那些過早決定生涯方向而未能解決自我認同和角色混淆危機的青少年，如果早期的衝突懸而未決，那麼在成年後便會繼續為這些決定感到掙扎。

- Tyhurst（1957）推論在某些情況下，像是生命中的重大轉變、災害中的動亂和遷徙，通常會在人們充分動員並嘗試改善事情前變得更糟。

於 1963 年出現的社區心理衛生中心運動（Community Mental Health Center Movement），將危機介入的工作從原本的電話介入方案，擴充為包含住家、學校和遊樂場的視察，由外展工作人員去現場和個案面對面會晤。自殺防治和危機中心的數量，在 1960 和 1970 年代大幅增長。

公眾危機與個人危機

危機有兩個主要範疇——公眾的和個人的。在公眾的危機中，其他人會敏銳地察覺到有什麼發生了；在個人的危機中，其他人不一定會察覺到突發的事件（如：父母被診斷罹患老年癡呆症）。個人的危機包含關於個人運作能力的所有面向。

所有危機都包含公眾和個人層面。「周哈里窗」（Johari Window），以其發明者 Joseph Luft 和 Harry Ingham（1955）的名字來命名，是用來描述人際互動歷程最有用的一個模式（見圖 2.1）。此模式在用來描述危機的公眾面向和個人面向時，也是一個簡單而有用的工具。

	自己知道	自己不知道
他人知道	1 開放／自由區域	2 盲點
他人不知道	3 隱藏區域	4 未知區域

圖 2.1　周哈里窗

這四格「窗戶」將人的覺察分成四個不同的類型。「開放或自由區域」表示那些我們自己知道而他人也知道的資訊。當危機工作者開始對新的個案提供危機介入時，在這個象限內不會有太多的資訊，因為雙方都還不是很了解彼此。

「盲點」表示那些被他人所發現但是自己並不知道的事情。這個區域包含了因防衛結構啟動，或因受制於對危機的立即反應而出現的議題。一個有能力的危機工作者可以幫助個案察覺和檢視盲點，以確定其在個人情況中的正面影響和負面影響。

「隱藏區域」表示了那些除了我們自己以外沒有人知道的資訊。換言之，就是人在危機中所了解的有關他或她自己、但決定還不要透露給其他人的資訊。隱藏的資訊包括了敏感的事物、恐懼、待議事項、意圖和秘密。危機介入的目標是透過自我揭露的過程，溫和地發現這些隱藏的資訊，並將之移到開放區域。

「未知區域」表示的是那些我們和他人都不知道的事情。危機介入提供了一個系統化的過程，藉由減壓（debriefing）、自我探索和藉由他人的觀察，經常可以讓個體發掘他們保有但未曾察覺到的技巧和因應策略（Roberts, 2005b）。

第 3 章

促使危機產生的事件

誘發危機事件與急性危機事件普遍存在於我們生存的年代。每年有數百萬人遭遇無法自行解決的創傷事件，促使人們轉而求助於社區心理衛生中心的危機單位、精神照護單位、門診、醫院急診室、大學諮商中心、家庭協談中心以及家庭暴力防治方案（Roberts, 2005c）。雖然這些事件各有不同，就像個體對情境各有獨特反應一般，有些事件仍普遍被視為會促成危機的產生。下列清單列舉一些常見的事件：

- **健康**

  — 在自己或親愛的人身上診斷出慢性疾病

  — 罹患重大疾病

  — 無法取得醫療保健資源

  — 無法負擔處方藥物

  — 精神或心理疾病的發作

  — 照顧生病的父母或兒女

  — 長期住院

— 突發疾病（心臟病、中風）

- **財務**

— 失業

— 信用過度擴張（卡債超過能力或收入所能繳付的最低還款額）

— 無預期的財務負擔（疾病、修理汽車、修理房屋）

— 討債公司涉入

— 停水斷電

— 房子遭到法拍

- **法律**

— 身分被盜用

— 事業危機

— 公民權遭剝奪

— 財產糾紛

— 離婚

— 子女監護權

— 遺囑認證（保管、委託律師、聽證）

- **成為受害者**

— 搶劫

— 竊盜

— 攻擊

— 強暴

— 家庭暴力

— 精神虐待

— 工作場所暴力
— 校園暴力

- **喪失**

— 因下列事件失去摯愛（兒女、配偶、父母）：
  - 犯罪
  - 溺水
  - 火災
  - 車禍
  - 災難性疾病（catastrophic illness）
  - 犯罪行為
  - 自然死亡
  - 死胎／流產

— 自我感
— 自主權
— 身體功能
— 腦部功能
— 友誼
— 歸屬感
— 財務

- **違法情事曝光**

— 涉入色情事業
— 盜用公款
— 詐欺
— 婚外情

— 偽造文物
— 黑心交易
— 不專業行為

- **自然災害**

— 火災
— 洪水
— 龍捲風
— 颶風
— 暴風雪
— 冰風暴
— 地震
— 海嘯

增進對危機促發原因的認識，就可據以規劃出適合的緊急措施方案，讓危機造成的創傷降至最低。各地的危機介入者目前致力於下列範疇增加他們的技巧：

- 災難回應
- 校園暴力
- 社會暴力
- 家庭暴力
- 恐怖主義
- 社區危機介入團隊
- 心理衛生法庭（mental health courts）
- 物質依賴法庭（substance dependence courts）
- 家事法庭（domestic courts）

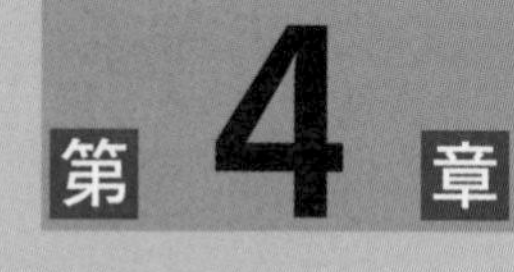

易於陷入危機者的指標

有十二項特徵和指標可以幫助我們指認易於陷入危機者。這個人：

1. 無法維持有意義的人際關係（如：喜孤獨者）；
2. 有心理疾病史，曾單次或多次出現精神異常，且在停止用藥時病況會不穩定；
3. 經常感到壓力過大而不知所措；
4. 似乎無法向社會支持系統尋求幫助，如：家庭、朋友或社團；
5. 過去經歷重大危機事件，且該事件並未被妥善處理；
6. 似乎持續固著於無效的因應方案，並難以從失敗經驗學習成長；
7. 展現出低自尊；
8. 衝動、容易生氣、性情暴躁；
9. 經歷長時間的傷心、無望感、焦躁易怒、睡眠障礙，或是食慾的改變；
10. 曾經歷不幸的婚姻和性關係；
11. 具物質濫用的習性，包括酒精和賭博；
12. 具非常不穩定的工作經歷，不是長期失業，就是每份工作都做不久。

危機的類型

偶發暴露（single-episode exposure）

偶發的危機事件涵蓋了相當多樣的生命經驗，包括自然災難、車禍、手術、犯罪、失去摯愛等等。儘管偶發危機可能需要介入處理，但研究指出，暴露在單次的震驚事件中並不一定會使人有不知所措的經驗。因為個體面對單次事件所產生的反應，是根據個人的因應調適能力和事件類型而定。涉及暴力犯罪的事件，是由一人強行造成另一人的創傷（例如搶劫、強暴、暴力攻擊），就會在受害者身上造成比車禍、手術或自然災難等事件更為嚴重的心理衝擊。

累積／多重暴露（cumulative/multiple exposure）

不幸的是，創傷性的生命經驗是會自然而然累積的。創傷性經驗會經由海馬迴（hippocampus）這個用來鍵入或叫出情感資料的大腦「鍵盤」而儲存到大腦裡。大腦皮質（cerebral cortex）就像是大腦的「硬碟」，在碰到類似的生命經驗時，用來儲存可能需要馬上讀取的資訊。這樣的歷程導致個體對危機產生了累積性的生理反應。不停的經歷類似創傷經驗的人，會發展出適應、重複、複雜的處理機制來因應危機情境。有些因應危機的機制是正向的，但有些是有害身心的。這個歷程是由杏仁核（amygdala）進行，完成恐懼等反應的永久編碼，並且會喚出這些情感性的記憶。

 蓄意累積／多重暴露

（deliberate cumulative/multiple exposure）

許多研究指出，和意外或自然災難的創傷比較起來，暴露在由他人造成的長期壓力之下，會形成更難以處理和解決的心理健康問題。儘管有些偶發的危機事件不容易處理，但最嚴重的心理創傷通常是在人一生中多年經歷他人長期蓄意、反覆施加的事件所造成。

大部分會在危機事件過後尋求持續的心理健康治療照顧的人，都是因為已經成為他人暴力犯罪下的創傷受害者。暴力犯罪像是搶劫、強暴和暴力攻擊，對每個人都會造成重大而顯著的創傷衝擊。不過，研究也指出，如果蓄意的暴力事件發生在一段依然持續著的關係之中，就會需要更多的時間、努力以及技巧，才能解決這個危機事件。而且當受害者需要依賴加害者才能生存時（像是在親子關係中），尤為真切。下面用一些例子來說明長期的創傷經驗：

強暴：在美國的創傷後壓力疾患（PTSD）中，數量最為龐大的族群便是強暴的受害者。根據一份全國性的調查發現，在 4,000 位女性受訪者中，每八人中就有一人曾經有過強暴的受害經驗。其中又有近半數的人遭受了一次以上的強暴受害經驗。將近三分之一的受害經驗發生在 11 歲以下，而超過 60%的受害者其受害年齡未滿 18 歲（Russell, 1986）。Russell 的經典研究指出，曾有亂倫史的女性在往後遭到他人強暴的風險顯著為高（68%的強暴受害者曾有被親人強暴的經驗，38%的強暴受害者沒有）。

家庭暴力：最近的研究指出，大約 21%-34%的女性，曾被親密的男性伴侶暴力毆打（Roberts & Schenkman Roberts, 2005）。Deborah Rose（1993）的研究指出，在美國有 20%-30%的成年人認可毆打配偶的行為。

兒童虐待：根據美國衛生福利部（Department of Health and Human Services, DHHS）的報告，在 2006 年有 905,000 名兒童成為兒童虐待或是忽略的受害者，亦即每 1,000 名兒童人口中有 12.1 位。DHHS 的研究揭露，0-3 歲的兒童特別容易遭受虐待。保守估計目前有超過 1,500 萬名的兒童處於創傷後壓力疾患的風險之中（Perry & Azad, 1999）。

性虐待：在成人（通常是男性）與兒童之間發生性接觸的兒童性虐待（child sexual abuse, CSA），據稱約發生在全世界 20%的女性以及 5%-10%的男性身上。受害者的人數被低估，是因為被報導出來的案例不多，或者是受害者的記憶遭扭曲。雖然美國官方報告的人數在過去十年間逐漸降低，但仍有 90%的性虐待案件從未被呈報。兒童性虐待會造成嚴重的心理和身體上的健康問題、物質濫用、頻頻成為受害者（victimization），或是在成年後犯罪。例如 Briere 和 Zaidi（1989）的報告曾指出，在精神科急診室中，約有 70%的女性病患曾在兒童時期遭受性虐待。Wurr 和 Partridge（1996）指出，46%的成人急症住院病患有兒童性虐待的經驗。心理健康問題包括創傷後壓力疾患、憂鬱症，和較高的自殺風險。兒童性虐待會干擾依附關係、情緒調節，以及主要壓力反應系統的發展（Freyd, Klest, & Allard, 2005）。

Burgess 和 Roberts 的
壓力—危機—創傷連續系統

壓力—危機—創傷連續系統的概覽和介紹

藥物和心理健康治療的最基本目標是不要造成傷害，因此，所有心理健康治療的專業人員以及創傷個案，都可以從 Burgess 和 Roberts 的七層次壓力—危機—創傷連續系統（seven-level Stress-Crisis-Trauma Continuum）獲得幫助。臨床工作者依照這個系統，將個案所呈現的危機狀態區辨為不同的層次與類別，可以為個案提供最適當的處遇。這七個層次和對應的合適治療如圖 6.1 所示。

壓力—危機—創傷連續系統的理論架構

七層次的壓力—危機—創傷連續系統，是根據美國國家醫學研究院（Institute of Medicine）對於壓力和人類健康的一項經典研究所提出的模式。這個模式包含三個主要元素，也可稱之為「x-y-z 序列」，分別為催化／壓力源（activators/stressors）、反應（reactions）、結果（consequences）。「催化／壓力源」是指會引起個體劇烈變化的事件或情境，包括：憂鬱症狀、重大疾病、家庭成員死亡、暴力犯罪、詐欺、兒童虐待、精神疾患復發或有自殺意圖。「反應」包含催化／壓力源引發的生物和心理社會反應。「結果」是對反應長期累積下來的影響，像是身體和／或心理上的痛苦（Elliot & Eisdorfer, 1982）。

層次	類型	行動／方式
層次一與二	生理痛苦與過渡性壓力危機	短期危機介入和 初級心理健康門診照護／治療
層次三	創傷壓力危機	個別和團體的危機取向治療
層次四	家庭危機	個別、伴侶或家族治療 個案管理 著重司法介入的危機介入
層次五	心理疾病使個體陷入危機中	危機介入 精神藥物 個案與醫療監督（case and medication monitoring） 日間照護與社區支持
層次六	急性精神疾病	穩定危機 門診治療 住院治療 法律介入
層次七 （見圖 6.2）	災難性創傷壓力危機	應用多層次危機／創傷介入，包含前述的所有介入策略

圖 6.1　Burgess 和 Roberts 的壓力—危機—創傷連續系統

這個模式建議以動態、交互歷程來透視個體與環境間的壓力連續系統（Lowery, 1987）。Burgess 和 Roberts（2005）的壓力－危機連續系統是一種折衷的分類模式，在 1995 年時從先前的模式發展而來（Baldwin, 1978; Elliot & Eisdorfer, 1982）。

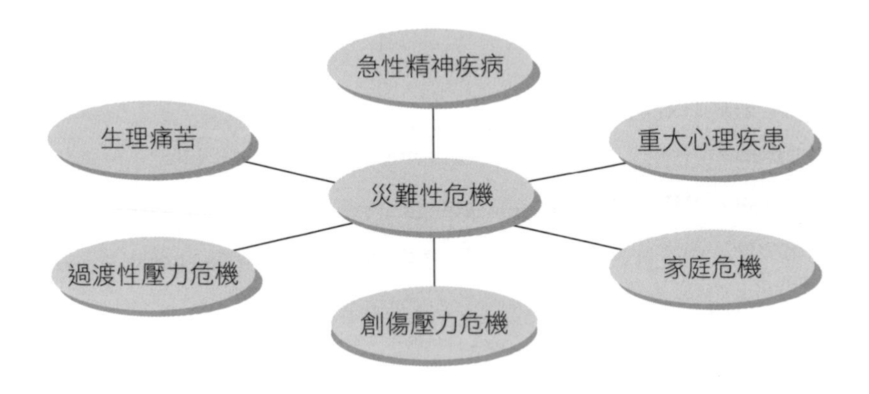

圖 6.2　災難性創傷壓力危機

生理痛苦與過渡性壓力危機

這些危機一般都起因於生物醫學疾病和／或輕微的精神症狀，而這些心理健康議題不一定能被清楚地指出。這類型的危機包括生物醫學上的診斷，如：癌症、中風、糖尿病及狼瘡，以及輕微的精神症狀，如：身體症狀、憂鬱、恐慌或是焦慮。病患常以焦慮和／或憂鬱症狀來回應這個程度的壓力，這類危機的病因是屬於生物醫學上的，也就是說，一般會有免疫系統的功能低落、身體健康失衡，或是就輕微的精神症狀而言，出現尚未解決的動力議題。

初級照護工作者通常會注意到這類型危機。身體上的症狀讓病患尋求醫護人員的協助，並透過身體檢查和檢驗報告明確指出患者的醫學診斷。而那些沒有明確醫學診斷的病患可能會抱怨生理上的症狀，如：

- 頭部、背部、腹部、關節或胸口的疼痛；
- 經痛與性交時疼痛；
- 消化系統症狀；
- 性相關症狀；以及
- 假性神經症狀（pseudoneurological symptoms），如：身體虛弱、失去感覺能力、疲勞及注意力缺失（American Psychiatric Association, 1994）。

無論病患有沒有醫學上的診斷，都可能會以焦慮與憂鬱等輕微精神症狀來回應。

 生理痛苦與過渡性壓力危機的介入

對於生理與過渡性壓力有兩種介入方式，第一種介入方式是短期個別治療，諮商人員的任務在教育病患去關注已發生或可能的改變，並探索任何與改變有關的心理動力意涵。依需要程度給予支持，並且可以使用預視輔導（anticipatory guidance）來幫助個案計畫一套適應性的因應反應方案。若是缺乏預期用的資訊（anticipatory information）時，可以採用危機介入技巧。

第二種介入方式採團體形式。在進行過短期個別治療後，可以將個案轉介到處理特定過渡議題的自助團體中（如：沒有伴侶的家

長、慢性疾患兒童的家長）。自助團體讓那些經驗著相似的生命過渡期的個案，可以分享關心、同理與支持彼此。

創傷壓力危機

當人們親身經驗、目睹或得知那些意外、不可預期且無法控制而威脅到生命的事件時，就有可能出現創傷壓力危機。創傷危機的例子包括：

- 犯罪事件受害者（襲擊、性侵、猥褻、縱火、挾持）；
- 自然災害受災者；
- 涉入重大的車禍或空難；
- 家庭成員或伴侶猝死；
- 後天肢體殘缺（physical dismemberment）；以及
- 威脅生命的醫學診斷（不論個人或親近的人）。

個人在災害或是創傷事件中的反應是強烈的恐懼、無助與行為的失序。在突如其來、無法預期的壓力下，平常的因應行為失效，個體也可能出現一段抵抗期，而經驗到情緒麻痺，以及因應行為無法動彈。

創傷壓力危機介入

危機反應（crisis reaction）指的是急性階段，通常是緊接著發生在危險事件後，並包含了與創傷有關的神經生物反應。在這個階段，個人所表現的急性反應可能有多種形式，其中包括經驗到無助感、混亂、焦慮、震驚、難以置信及生氣，低自尊與嚴重的憂鬱傾向常常也在這個危機階段中產生。處在危機中的人看起來可能會語無倫次、缺乏組織能力、情緒激動且不穩定；或是冷靜、壓抑、退縮而情感麻木。而這個時期，通常是個體最有意願去尋求協助、危機介入最能發揮效果的時候（Golan, 1978）。

目前已經有多種危機介入技術能夠對個人所經驗的創傷性危機壓力帶來幫助。Tyhurst（1957）提議採用一套依階段而定（stage-specific）的介入技術，並認為個體在創傷危機的狀態裡，不應該脫離他原本的生活環境，相反地，危機介入應該注意強化他既有的關係。

認知行為治療法（cognitive-behavioral therapy, CBT）經多方推薦為適用於性侵相關事件引起的 PTSD 與憂鬱症狀，以協助創傷相關的訊息處理（Burgess & Hartman, 1997）。這個治療方法也被稱為**認知歷程治療法**（cognitive processing therapy）（Resick & Mechanic, 1995），能在有限時間裡發揮相當功效。個體若有長期的 PTSD 生理症狀，也應該要考慮使用抗焦慮劑來幫助緩解。除了個別的創傷治療外，個案通常會被轉介參加減壓／放鬆治療，以及危機、自助及心理衛教的團體。

策略性的焦點解決治療（strategic solution-focused therapy）（Quick, 1998）結合了策略治療學派與焦點解決治療的原則與技術。在這個方法中，治療師將澄清問題、詳盡討論解決方案、找出並評估已經嘗試過的解決方案，然後設計介入方案，並在其中包含確認、讚美與建議的部分。做有效的事與改變無效部分的務實性原則，是個案與治療師之間的共同目標。

眼動減敏與歷程更新療法（eye movement desensitization and reprocessing, EMDR），是一個嶄新但具有前景的技術。EMDR 由 Francine Shapiro（1995）設計，結合了許多主要治療方式的關鍵概念，其主要目標是將個案從過去事件的非適應羈絆中釋放出來，藉此賦予他們在當下做出正向且彈性選擇的能力。根據國際 EMDR 學會（EMDR International Association）指出，這個技術似乎可以直接影響大腦處理訊息的方式。在成功做完一次EMDR療程後，可以恢復正常的訊息處理歷程，當個案再次想起事件時，也不會再次經歷那些影像、聲音和感受。

許多治療方式都有類似的目標。然而，EMDR 的過程似乎和做夢或快速眼動期（rapid eye movement, REM）的自然狀態相似。因此，EMDR 可以被視為一種以生理學為基礎的治療方法，協助個案以一種嶄新而較不痛苦的方式看待造成困擾的事物。

研究已經顯示，EMDR 是一套迅速有效的治療方法。大約有二十份的對照研究已經調查過 EMDR 的效果，這些研究一致發現，EMDR 可以有效地降低或消除大多數個案的創傷後壓力症狀。個案常常會報告說其他的相關症狀如焦慮也都獲得改善。EMDR 有許多已出版的個案報告與對照研究基礎，實證支持其在創傷治療上的效果。美國國防部暨退伍軍人事務部實務指引（Department of Defense/Department of Veterans Affairs Practice Guidelines）中，已將EMDR納入最高層級，建議為適用於任何時候、任何創傷族群的療法。除此之外，國際創傷壓力研究學會（International Society for Traumatic Stress Studies）目前的治療指引手冊，也認可 EMDR 為一種有效治療 PTSD 的方法（Chemtob, Tolin, van der Kolk, & Pitman, 2000）；同樣地，北愛爾蘭與以色列的衛生署（見後文），也將EMDR指定為少數兩到三種創傷受害者治療的選項之一。美國精神醫學會實務工作指導手冊中（American Psychiatric Association Practice Guideline,

2004）明文建議，SSRIs、CBT、EMDR 為創傷的第一線治療方法（EMDR Institute, Inc., www.emdr.com）。

 家庭危機

家庭危機根源自婚姻失和、財務困難、失業、情緒問題等諸多原因。家族治療的方法變化多樣，但應該維持一個系統觀點。危機介入的最終目標在於恢復家庭在危機發生前的平衡狀態。在治療的歷程中，盡可能納入多數家庭成員是很重要的，如果沒辦法的話，無論有一位或多位成員，介入也應該維持在最適切的程度。家族治療的目標在於：

- 定義問題與澄清該問題對家庭造成的影響的真正本質；
- 動員家庭內外在的資源；
- 與家庭成員一起工作，以判斷當下的支持與力量狀態；以及
- 運用最有效的介入方案來幫助家庭穩定危機並予以化解。

 家庭介入

家庭介入的目標在於協助個體重新穩定他們的生活、強化他們的人際關係並避免精神症狀的發生。首先，如果出現危機狀態，一定要加以解除，終止所有的虐待行為，要先確保兒童與成人的安全。要幫助倖存者調適虐待事件揭發出來所產生的立即性損失與改變，以及他人的保護性反應，也必須要去處理家庭系統的失能（Andersen, 1987）。

Roberts（1995, 1996）的七階段危機介入模式（Roberts' Seven-Stage Crisis Intervention Model, R-SSCIM）為家庭暴力介入提供了一套經過整合的問題解決方法（problem-solving approach）。多樣化心理衛教與治療介入法也已經發展出來幫助改變相對人（perpetrator）的行為，當中有許多方法已經實際減少暴力或剝削行為。一般來說，介入方案包括了針對憤怒控制、協調、溝通及家庭角色，而設計來增加相對人相關知識與技能的元素。

重大心理疾患

嚴重的猝發性心理疾患可能有多種發病形式，其中包括但不限於焦慮、憂鬱心情、干擾行為、躁狂／輕躁狂，及思考障礙。與上述心理疾患相關的症狀種類廣泛，並可能造成生理上、情緒上、行為上的症狀，而需要立即介入處理。

重大心理疾患介入

要穩定心理疾患的危機，需要介入者在做出診斷與調整介入方式時，將個案的人格與各項特質納入考量。那些長期且不斷復發的嚴重心理疾患個案，需要綜合傳統且長期的用藥治療，來幫助維持他們的生活功能與角色。R-SSCIM 在危機猝發時，是一個能夠有效降低嚴重心理疾患症狀的工具（Roberts, 1991, 1995, 1996）（見第 11 章）。

治療師在回應個案目前遭遇的問題的同時，也應著重於問題解決技巧與環境布置的教導。治療師儘管要提供支持，但應注意不要去增強個案的依賴或退化，而且要讓治療的歷程逐漸擴展。治療師要認知到個案的深層問題，並且盡可能地依循危機介入的脈絡來加以評估，而不要只是嘗試解決那些代表著深層情緒衝突的問題。當危機介入的歷程結束，個案應該已經相當穩定且對於其他服務的轉介有所準備。

理所當然地，也要考慮到個案的監控與管理，以及住院治療與療養院照護的評估。在治療精神疾患時會有以藥物治療的必要。照護的持續是一大關鍵要素，而且通常會透過個案管理師來進行。職業訓練與團體工作的轉介也常被包括在這個歷程中（Wolpe et al., 1993）。

 急性精神疾病

在急性精神疾病（psychiatric emergencies）的危機情況中，個體的功能已經嚴重受損，個體變成無行為能力、無法承擔責任，也無法控制他或她所經驗到的感覺和行動，可能會對自己和／或他人帶來威脅或真正造成傷害。

急性精神疾病的實例包括服藥過量、意圖自殺、跟蹤、人身攻擊、強暴以及殺人。個體會顯得失控。病患從意識、方向感、理性邏輯能力、到暴怒以及焦慮的程度，全都會影響他或她在臨床評估期間所能夠配合的程度。急性精神疾病通常有三種形式呈現：

- 自殘（self abuse）——其表現為企圖自殺以及服藥過量；
- 攻擊他人——其表現為支配、掌控以及性攻擊的需求；以及
- 無法照顧自己—— 其表現包括思考障礙，如不尋常的妄想、浮

誇、身體的妄想、關係的妄想，以及幻覺（聽覺、觸覺和／或視覺）。

 急性精神疾病的介入

臨床人員需要對自己處理個案失控行為的能力具有相當信心，並且／或必須能夠獲得充分的協助。當出現緊急情況時，在適當的合作下，臨床人員必須能夠提出並回答一些問題，像是病患的所在位置、病患到底做了什麼，以及其他重要的訊息。碰到企圖自殺的個案時，臨床人員當前的任務應該是評估其行動的致命性。已出版的致命性評估量表非常有助於其判斷（Weishaar, 2004）。若病患可能對自身或他人造成威脅，或者缺少充分的資訊以供判斷時，就應該以醫療急診處置。危險而緊張的情況應該交由警察和地區急難救助單位處理，他們也能夠提供快速抵達醫院急診室的交通運輸。在解決當下或潛在的自殺危機時，快速的醫療評估是不可或缺的首要步驟（Jobes & Berman, 1996）。

急性精神疾病是危機類型中最難處理的，與情況相關的訊息可能是不完全的，而且病患可能只會給予最低限度的幫助，或者加以干擾。整個過程中，都會有立即而完全進入狀況的需要，以便展開有效的處遇。當患者身邊有個多少知道這個突發事件的人陪伴，患者評估的工作就會容易許多。在許多情況下，他們可以幫忙安排合適的心理及醫療服務（參照第 15、16 和 18 章）。

精神疾病危機的基本介入策略包括以下要素：

- 快速評估病患的心理狀態與病情；
- 澄清那個製造或導致病人病症的情境；
- 動員必要的心理健康和／或醫療資源，以有效地治療病患；以及
- 協調整合服務，以確保適當的持續治療。

急性精神疾病考驗著危機治療者的技巧極限，治療者必須能夠在一個非常緊繃的情境中有效地工作，並且在可能危及生命時予以介入。

面對危機時的身心反應

個體在平常能夠有效因應的技巧，在面臨嚴重的壓力、意外或不尋常事件時可能會被完全摧垮。面對這些事情時出現身心反應是正常的，而且它們也是從失落或重大事件的壓力中開始復原的必經歷程。以下列出面臨創傷事件時的正常反應：

- 身體方面的反應
- 疲累／精疲力竭
- 睡眠障礙
- 驚嚇的反應增強（heightened startle response）
- 認知方面的反應
- 難以專心
- 難以解決問題
- 強烈的情緒化（emotional augmentation）
- 沒有食慾
- 消化方面的問題
- 夢魘

- 肌肉顫抖／痙攣
- 驚嚇反應（startle reactions）
- 頭痛
- 頭暈
- 肌肉痠痛
- 噁心／嘔吐
- 回憶閃現（flashbacks）
- 決策困難
- 孤立／退縮
- 情緒性的反應
- 罪惡感
- 無助感
- 情感麻木
- 過度敏感
- 遺忘事件
- 恐懼／焦慮
- 自我懷疑
- 過度警覺
- 喜怒無常（moodiness）

此外，在經歷了壓力事件或悲慘的失落後，會經歷一段輕至中度的憂鬱時期（Kaplan & Sadock, 1998）。憂鬱的症狀包括下列：

- 食慾不振
- 失眠
- 沒有活力／能量低落

- 社交退縮
- 喪失性慾
- 難以專注
- 持續感到難過
- 孤立
- 侵入性思考

這些都是正常的反應，而且它們也是從失落或重大事件的壓力中開始復原的必經歷程，並且其中有某部分會隨著壓力減少或在危機壓力事件的過程中恢復。雖然人們幾乎不可能趕走這些不舒服的感覺，但是有幾件事情是個體在經驗危機或壓力情境時，可以用來加速復原過程的方法（Jobes & Berman, 1996; Roberts, Yeager, & Streiner, 2004; Weishaar, 2004）：

- 有結構的生活作息，保持忙碌，並盡可能讓生活保持正常。
- 你是平凡人，所以出現反應也很正常——不要給自己貼上「發瘋」的標籤。
- 與人談話；談話是最具有治癒功能的藥。
- 小心而且最好避免嘗試以藥物或酒精來麻痺痛苦。
- 在事件發生後的頭兩天，交替進行劇烈運動與放鬆練習，來減少生理反應。
- 盡量不要孤立自己；向他人求助。
- 多和你信任的人相處。
- 確認你的同伴過得如何，以藉此幫助他們。
- 允許自己覺得很糟糕，並與其他人分享這些感覺。

壓力症狀與一般性適應症候群

名詞定義與歷史概述

壓力是任何造成個體出現可見反應的刺激、內在狀態、情境或是事件，通常會以積極或消極的形式，在個體適應環境中的新狀況或不同狀況時展現。這個概念一般被視為在環境脈絡中人際互動經驗的本質，不論是透過生理的過度刺激或是刺激不足，都會帶來心理或生理困擾（不良壓力結果）或是良性壓力（好的壓力結果）的結果。壓力源的範圍從輕微到重度，並且可能是正面或負面的事件。一般而言，壓力源是生活事件，像是每天的煩惱、職場或家中的壓力、婚姻不和或衝突、緊急事件、車禍、生病以及受傷。正面的壓力生活事件以及轉變，包括新生兒降臨、畢業典禮、家庭假期，或者職場升遷等（Kaplan & Sadock, 1998）。

Mason（1975）針對壓力、壓力源以及壓力的經驗，發表了一個運用在一概念化架構時最為廣泛的操作性定義。壓力（或是負擔）可以是指：

1. 以生理和心理的反應為基礎時的有機體內在狀態；
2. 一個外在事件或壓力源，包括戰鬥創傷、自然災害、重大生命事件（結婚、離婚、被解雇）、有害的環境壓力源（空氣汙染、過度擁擠），或者角色負擔（一段糟糕的婚姻）；或是
3. 個人與其環境互動所引發的一種經驗，特別是在個體的資源與其覺知到的挑戰、威脅或需求之間，出現不適合或低適配性的情況。

 一般性適應症候群

Selye（1956）在他深具影響力的生理研究發現中指出：「壓力是生活的一部分。它是我們一切活動的自然副產物……生活的秘訣在於成功調適不斷變化的壓力」（Selye, pp. 299-300）。根據 Selye 所說的一般性適應症候群（general adaptation syndrome, GAS），人類身體一般而言對極端壓力的反應會有三個階段：第一為警覺反應，在這個階段身體會啟動防衛機制發揮作用，如腺體、荷爾蒙以及神經系統；第二為適應階段，此時身體會加以反擊（例如，心臟在承受壓力時，動脈血管會硬化）；然後第三為衰竭階段，此時身體的防衛機制似乎無法應付，使得個體開始生重病並可能死亡。Selye斷論，生存和繁盛的最佳方法就是加以調適，並採取正向方式來回應生活的壓力。

壓力源通常具有程度輕重有別的特性，並且可能為負面或正面的刺激或事件。因壓力而形成的許多挑戰，提供我們日常生活的架構。完全沒有壓力會讓一個人的生活無聊又缺乏意義；過多的壓力又缺乏有效因應的能力，則會對個體的生理和心理健康造成不良的

影響。

Selye是諾貝爾獎得主，也是加拿大蒙特婁的國際壓力協會（International Institute of Stress）的創辦者。他在接受《現代成熟》（*Modern Maturity*）（Wixen, 1978）訪問時表示，他個人的成功可以歸功於繁忙的工作行程，以及自己樂在其中。在訪問前，Selye已在歐洲一場重大醫療會議上發表過演說，睡了4個小時後，就接著前往 2,500 英里外的德州休士頓，進行他的下一個訪問並參與會議演講。隔天他要飛回蒙特婁，並在兩天後在斯堪地納維亞半島奔波，進行為期九天的演講。相較之下，Regehr（2001）則專注在災難及緊急救援工作者的替代性創傷、危機團體介入的正負向影響，以及危機減壓團體（crisis debriefing groups）在處理工作者壓力反應、創傷後壓力疾患（PTSD）相關症狀上的優勢和限制。

「壓力」源自於大腦，因壓力而產生的生理反應，會影響所有主要的器官系統。Cannon（1927）將人們因為覺知到壓力或突發事件而出現的反應，稱為「戰或逃」（fight or flight）反應。一連串複雜的連鎖反應被神經化學訊號所引發〔特別是血清素（serotonin）、正腎上腺素（norepinephrine）和多巴胺（dopamine）〕。腎上腺（adrenal glands）釋放腎上腺素（adrenaline）和其他激素，使心跳加快、血壓升高、瞳孔擴張，並使我們提高警覺性。這些反應關係到人類的生存機制，從人類存在以來就有了（Chrousos & Gold, 1992; Haddy & Clover, 2001; Horowitz, 1976; McEwen, 1995）。

實務工作者一旦清楚理解了初始事件的本質，就可以建構出個人狀態的精確描述，並指出合宜的情況。透過跨領域的多重測量方法，包括訊息訪談、檢視社會環境、運用量表結果，以及與醫療人員進行諮詢，便可以精確區分壓力、危機、急性壓力疾患（acute stress disorder）與創傷後壓力疾患（PTSD）（參照圖 8.1）。藉由這些過程下判斷，將有助於建立一個架構，以作為計畫治療與提供照護的基礎。這個過程並不能作為一個診斷標準，也並非要取代《精神疾病診斷與統計手冊第四版修訂版》（*DSM-IV-TR*）的分類（American Psychiatric Association, 1994）。

初始或觸發事件

創傷後壓力疾患 (PTSD)：促發事件有可能會讓多數人無法承受，而且出現過度警覺、回憶閃現、侵入性想法和長達 30 天以上的睡眠障礙。

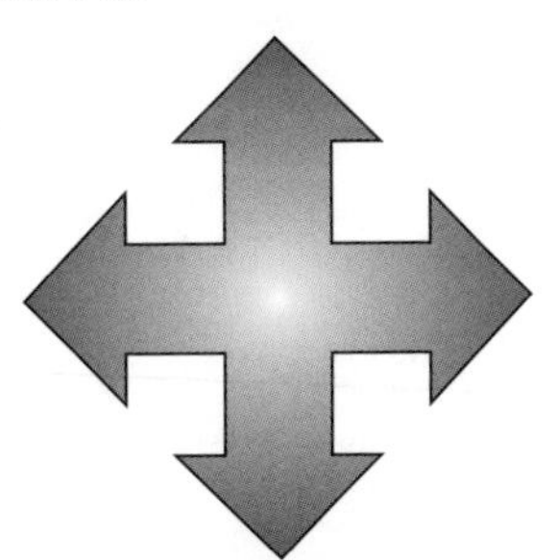

壓力與具體的心理、生理上的壓力源：壓力源的累積，其影響程度會隨時間而增加。

急性壓力疾患：促發事件或重大的影響。症狀與 PTSD 相似，但影響的持續時間較短。

危機：再次經驗高壓力生活時的主觀反應。主要導因包括：(1)個人對事件的覺知；以及(2)個人無法採取先前的因應方法來解決危機。

圖 8.1　對創傷事件的四種反應

後續將提供一個這種架構的示例，其中並根據一系列的個案來區分壓力、危機、急性壓力疾患及 PTSD。當中需要特別注意的部分包括：事件、個人對事件的反應、使用適當的診斷標準、復原力因子和治療計畫。

事件案例

案例一

Kevin是某大型保險公司的經理，他被雇用時公司正值過渡期，他取代了一位不怎麼有效能但很受歡迎的經理。Kevin擔任這職位已經兩年了，一直覺得自己被夾在員工與行政部門間的某些關鍵及敏感議題之中。而在他生命中的此刻，他要負責照顧三個月前才被診斷為癌症末期的年邁母親。他還是一個有三名子女的單親爸爸，最大的孩子最近剛離家去上大學。

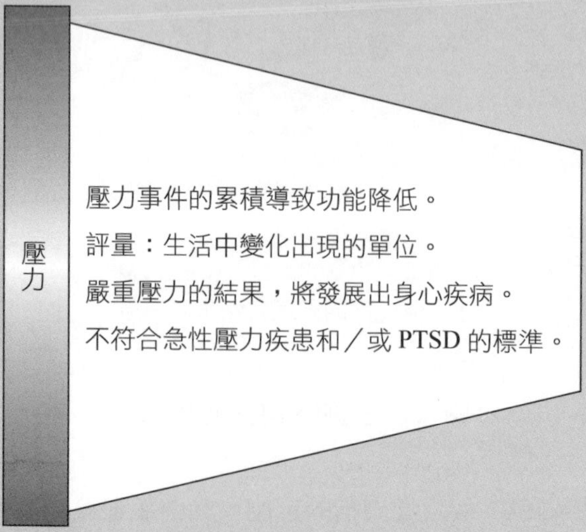

壓力

壓力事件的累積導致功能降低。
評量：生活中變化出現的單位。
嚴重壓力的結果，將發展出身心疾病。
不符合急性壓力疾患和／或 PTSD 的標準。

圖 8.2　Kevin 的案例：有壓力的生活情境

Kevin 正面臨經濟困難，房子可能遭到法拍。為了解決工作上的壓力，Kevin 正在接受諮商，因為 Kevin 害怕公司會把他降職或解雇。好的一面是，Kevin 提到他正要展開一段重要的新關係，但是他擔心一旦失業，這段關係就會結束（參照圖 8.2）。

案例二

Jill 是一名護士長，已經從事重症護理二十七年，目前工作於某大都會醫學中心的移植單位。在她來尋求援助的前兩天，她僅存也最喜愛的叔叔，因為輕微的心臟病發作而住進了醫院。Jill 提到在叔叔住院的第一天，她向叔叔及嬸嬸保證說他們「來對地方了」。Jill 透過她對醫護人員的認識，幫叔叔安排了最好的心臟科專家及一群她認識也信任的優秀護士。那天 Jill 下班時還覺得自己的工作很棒。

當她隔天回到工作單位，便去確認她叔叔的狀況。單位的一位助理告訴 Jill，她叔叔已經被轉送到加護病房，而且病情在上一段值班期間惡化了。Jill 走進加護病房的時候，她的叔叔正出現嚴重的心臟病發作，整個急救過程她都在場協助住院醫師、心臟科醫師和麻醉師，不幸的是她的叔叔沒能撐過這次發作。不過，Jill 並未鬆懈，她陪同心臟科醫師去通知家人這個意外的結果。Jill 聯繫關懷服務，為她的嬸嬸和堂兄弟準備一個可以哀悼的隱私空間。Jill 一直到全部安排妥當、叔叔的家人離開醫療中心前，都全程陪同。

Jill 意識到她無法繼續工作，便打算從最近的樓梯走去她工作的單位解釋缺席的原因。但她沒有上樓，而當其他員工發現她的時候，她坐在樓梯上哭泣，深陷在這個經驗裡。從那時起，她一再地經歷那天急救的過程，並且會清晰地回想起她最愛的叔叔的逝世及家族成員的面孔（參照圖 8.3）。

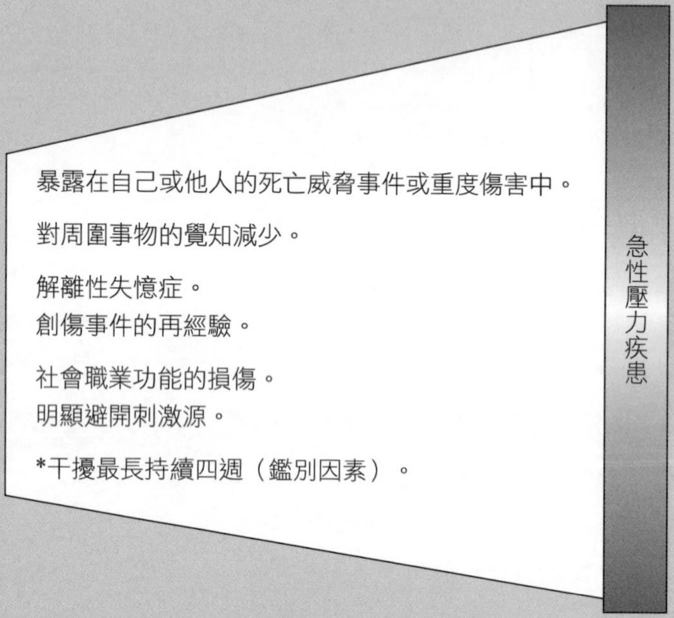

暴露在自己或他人的死亡威脅事件或重度傷害中。

對周圍事物的覺知減少。

解離性失憶症。
創傷事件的再經驗。

社會職業功能的損傷。
明顯避開刺激源。

*干擾最長持續四週（鑑別因素）。

急性壓力疾患

圖 8.3　Jill 的案例：急性壓力疾患

* 鑑別診斷的時間範圍乃採 DSM- IV-TR 之標準。

案例三

Thomas 是一名大都會區的消防員，他在一場倉庫大火中失去了三位同事。Tom 回憶說火勢非常猛烈，他和他的小隊被呼叫到位在成衣區的火災現場，Tom 指出，「這是我見過最猛烈的火勢，煙非常濃密還帶著劇毒，隨著時間過去，溫度開始高得令人無法忍受。」Tom 指出，當他聽到巨大的爆炸聲時，他和三位同事都在倉庫的三樓。「我知道狀況很糟糕，在熊熊燃燒的烈火裡聽到的任何聲音，都一定會是轟天巨響，而且非常危險。」在爆炸發生當時，Tom 剛好離開小隊去固定前行用的設備並引導增援隊伍。Tom 說道：「當爆炸發生後，我轉過身來想看看我的同伴們在哪裡？但我看不到他們……一開始我以為是煙，所以我走近……接著我看到真正發生的事……地板已經塌陷，就從他們站的地方塌下去，有兩個同伴掉落下一層樓，我可以聽見他們在尖叫，他們就在火場中，我卻什麼忙都幫不上，只能坐在那看著他們拼命掙扎、又踢又叫，然後死去。一開始我並沒有看到 Vince，然後我看到他，他掛在我下面大約四英尺的管子上，我向他伸手，我有機會的……但是當他來抓我的手時，我只抓到他的手套……他掉下去時我還看著他的臉。出來以後，我才意識到他的手套還在我的手裡……我發現到……我的天呀……他的手確實還在手套裡，我並不是沒抓到，而是實在沒有什麼可抓的了，現在我知道為什麼他的臉看起來那樣……我好像沒有辦法忘掉……我已經六個月沒有好好睡了……我已經盡我所能的去做了……它纏繞在我心頭。有時候，它不只是一個夢，我剛在想然後它就迅速發生了……就在我的面前，好像我又重新再經歷了一遍。我真的無法確定自己可以再忍受多久。我不知道我要怎麼擺脫這些……更糟的是我也不懂為什麼。」（參照圖 8.4）

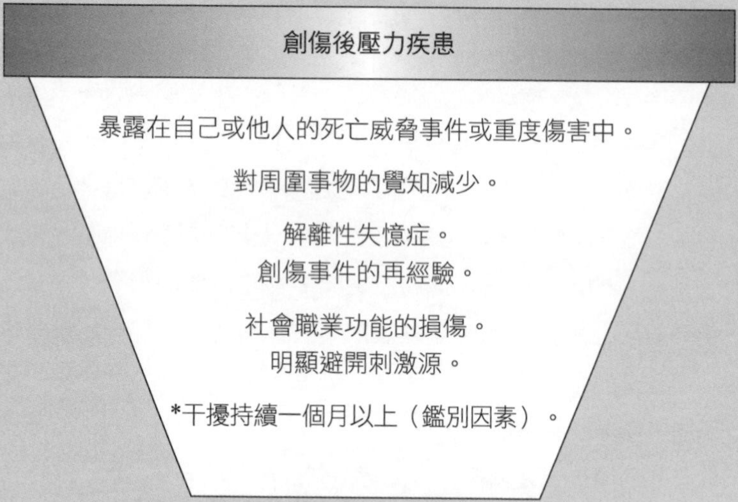

創傷後壓力疾患

暴露在自己或他人的死亡威脅事件或重度傷害中。

對周圍事物的覺知減少。

解離性失憶症。
創傷事件的再經驗。

社會職業功能的損傷。
明顯避開刺激源。

*干擾持續一個月以上（鑑別因素）。

圖 8.4　Thomas 的案例：創傷後壓力疾患

*鑑別診斷的時間範圍乃採 DSM- IV-TR 之標準。

案例四

54 歲的 William 是一家大型製造公司的資管部門負責人。在工廠工作的某個下午，William 被一台用架空式起重機搬動的大型設備砸到，導致封閉性的頭部創傷，等身體狀況穩定下來後，William 這次受傷的真正影響才顯現出來。他出現了中度的認知功能障礙，影響了他的注意力，以及依邏輯合理解決問題的能力，頭部的外傷也影響了 William 的行動力。很明顯地，William 的復健將是艱苦而漫長的，因為 William 光是再次學會走路都是一大挑戰。

William 也深受偏頭痛這種長期疼痛所苦，發作前沒有任何徵兆，通常持續好幾天。William 是家裡唯一的經濟支柱，他發現，他雖然沒有短期的障礙，但長期上會損失 60%的收入。William 面臨嚴重的健康問題和經濟壓力。他的妻子和家人都非常支持他，並積極參與他每個階段的復健治療。William 與一位社工接洽，想要開始進行社會、情感和職業上的復健工作（參照圖 8.5）。

個人心理平衡的急性崩解。

常用因應機制失效。

對於壓力生活經驗的主觀反應，損害了個人的穩定性、應變能力或功能。

危機的五個構成要素：
- 危險或創傷事件
- 脆弱的狀態
- 促發因子
- 現存危機狀態
- 危機的解決方式

危機

圖 8.5　William 的案例：立即性危機及其結果

這裡的每一個案例都提供了機會去檢視壓力、危機、急性壓力疾患及PTSD的鑑別因素（American Psychiatric Association, 1994）。圖 8.6 裡的四向圖可以為實務工作者提供方向，去分析個案提出的問題及促發事件的本質，並作為適當的臨床介入的出發點。在發生危機、壓力和創傷時，單一的平常事件也是挑戰或威脅了個體以及其世界觀的一次事件。基於事件的嚴重程度及個人對壓力源的覺知，或壓力源的累積，每個人都會對觸發／促發事件做出其個別反應。

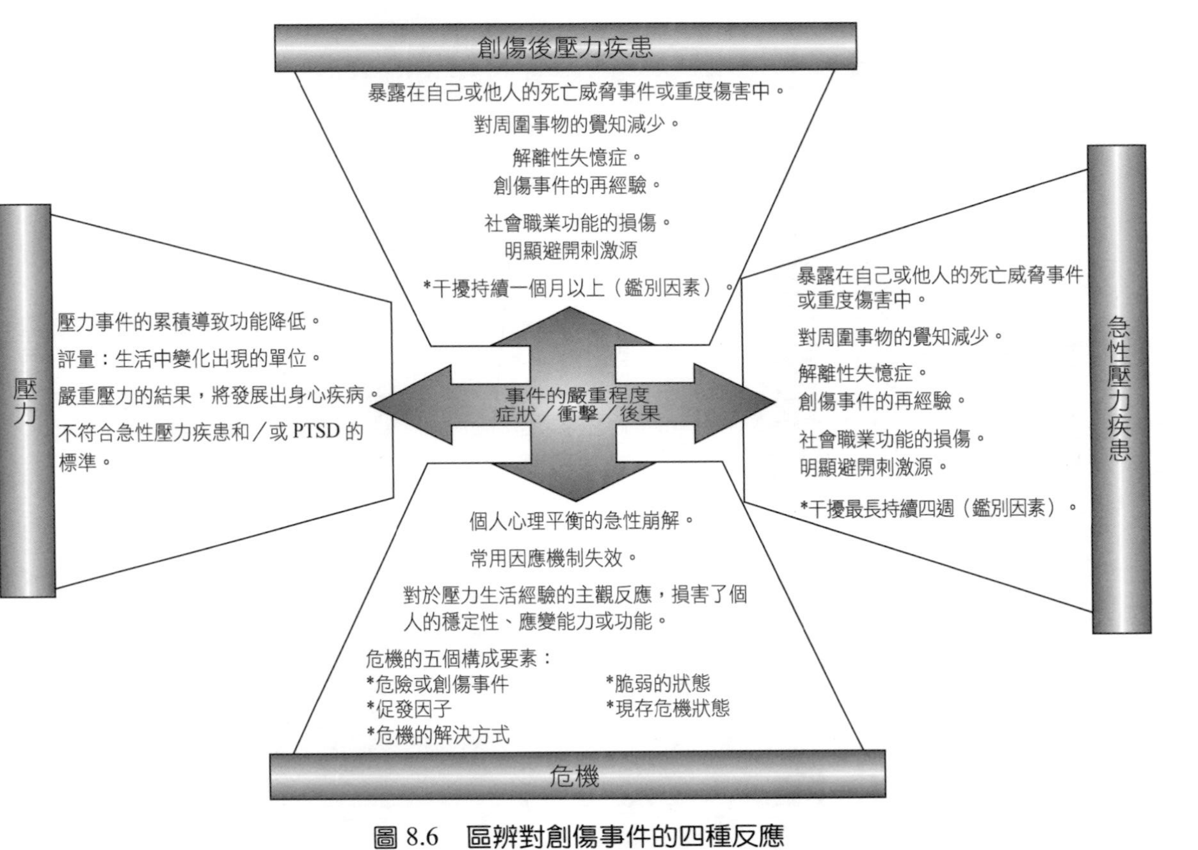

創傷後壓力疾患
暴露在自己或他人的死亡威脅事件或重度傷害中。
對周圍事物的覺知減少。
解離性失憶症。
創傷事件的再經驗。
社會職業功能的損傷。
明顯避開刺激源
*干擾持續一個月以上（鑑別因素）。
壓力
壓力事件的累積導致功能降低。
評量：生活中變化出現的單位。
嚴重壓力的結果，將發展出身心疾病。
不符合急性壓力疾患和／或 PTSD 的標準。
事件的嚴重程度
症狀／衝擊／後果
急性壓力疾患
暴露在自己或他人的死亡威脅事件或重度傷害中。
對周圍事物的覺知減少。
解離性失憶症。
創傷事件的再經驗。
社會職業功能的損傷。
明顯避開刺激源。
*干擾最長持續四週（鑑別因素）。
個人心理平衡的急性崩解。
常用因應機制失效。
對於壓力生活經驗的主觀反應，損害了個人的穩定性、應變能力或功能。
危機的五個構成要素：
*危險或創傷事件
*促發因子
*危機的解決方式
*脆弱的狀態
*現存危機狀態
危機

圖 8.6　區辨對創傷事件的四種反應

常見的跡象、症狀和對危機的心理反應（情緒的、認知的和行為的）

當個體面臨到威脅時，無論是為了人身安全或情緒的恆定，身體的防衛系統都會有所反應，執行 Cannon（1915）所謂的「戰或逃」反應。個體面對壓力和／或危機時的生理反應（physiologic response to stress and/or crisis）有心跳加速、肌肉緊繃、呼吸急促，每種感覺都處在增強的狀態。「戰或逃」是一種生物性的連鎖反應歷程，其功能在於協助個體生存。這些歷程在整個人類的演化過程中都持續存在，攸關物種存續。在感覺到有危險時，大腦中一個稱為下視丘（hypothalamus）的小區塊，會觸發化學警報，交感神經系統（sympathetic nervous system）會予以回應，釋放出大量的壓力荷爾蒙（stress hormones），包括腎上腺素、正腎上腺素和腎上腺皮質醇（俗稱可體松）。它們透過血流快速傳遞，使我們做好準備逃離危險情境或準備戰鬥（Aguilera & Messick, 1982; Burgess & Roberts, 2005）。

當心跳速率和流向大肌肉的血流量增加時，個體能跑得更快也更勇猛戰鬥；血糖增加時，能提供能量；皮膚下的血管收縮，可以防止血液在受傷時大量流失；瞳孔擴大，則讓我們看得更清楚。

這些正常的反應對於短時間內經驗到的短暫壓力是有幫助的，但是如果「戰或逃」反應（Cannon, 1927）因長期性壓力而持續存在，那麼身體會開始用下列幾種方式做出反應：

身體反應

- 頭痛或背痛
- 肌肉緊繃和僵硬
- 失眠
- 胸痛、心跳急促
- 缺乏食慾
- 噁心、頭暈
- 夢境逼真
- 腹瀉或便秘
- 體重增加或減輕
- 皮膚出現問題（蕁麻疹、濕疹）
- 性慾下降
- 容易生病

認知反應

- 健忘／失去短期記憶
- 難以做決定
- 判斷力下降
- 洞察力降低
- 無法專注
- 負向思考增加
- 思緒奔騰
- 變得焦躁易怒
- 感覺不自在
- 預期最壞的情況

情緒反應

- 情緒擺盪
- 不安／急躁易怒
- 心神不定
- 不耐煩
- 感到緊張不安
- 過度緊繃
- 感到不堪負荷
- 感到被孤立
- 感覺被誤解
- 反面烏托邦（dystopia）

行為反應

- 磨牙或咬緊牙根
- 嗜睡或失眠
- 飲食過量或不足
- 傾向獨自一個人
- 拖延
- 增加酒精、香菸或毒品的使用藉以放鬆
- 強迫性反應（如：過度在意小細節）
- 對非預期的問題反應過度
- 遷怒他人和感到無法勝任
- 猛烈抨擊他人

累積的壓力反應對健康會有負面影響（Yeager & Roberts, 2003）。有許多疾病是壓力所導致或因壓力而惡化，包括：

- 心臟病
- 糖尿病
- 胃食道逆流
- 高血壓
- 氣喘
- 肥胖
- 腸躁症
- 皮膚問題
- 自體免疫疾病

第10章

Roberts的七階段危機介入模式

在構思危機介入的過程中，Roberts（1991, 2000, 2005a）透過治療師和個案在穩定危機、解決危機和控制危機的典型過程，定義出七個重要階段（圖 10.1）。下面所列出的這些階段，在危機介入的過程中都是必要且連續的階段，而且有時會有部分重疊：

1. 規劃並進行一個生物心理社會層面和致命性／立即危險性的深入評估。
2. 從心理層面接觸並且快速地建立合作關係。
3. 辨識主要問題，包含危機的促發因素（crisis precipitants）。
4. 鼓勵對感覺和情緒的探索。
5. 形成並探索替代方案和新的因應策略。
6. 透過履行行動計畫來修復功能的運作。
7. 計畫後續的追蹤及強化性晤談（booster sessions）

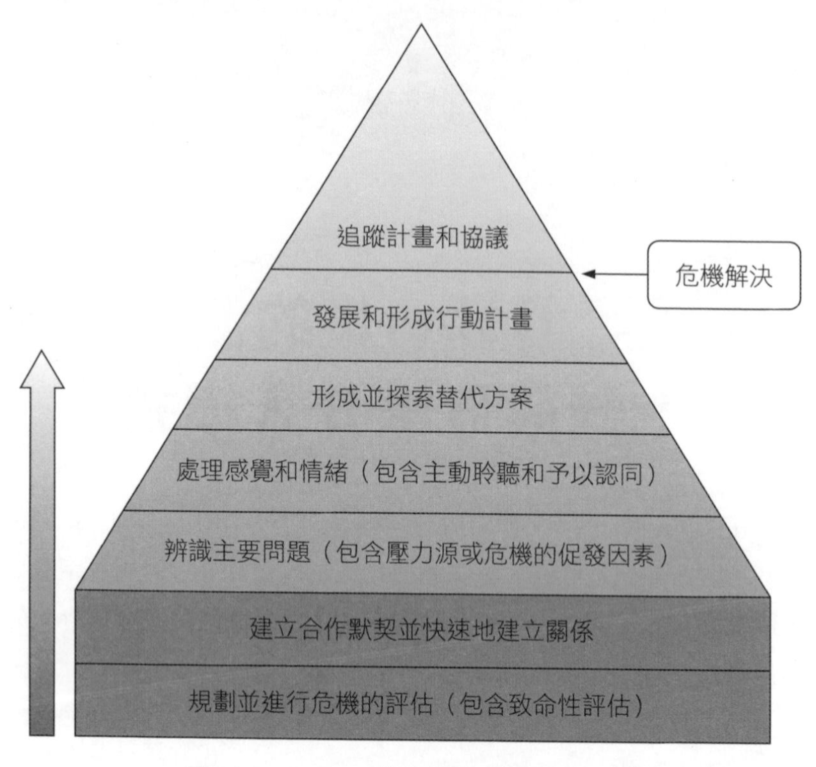

圖 10.1　Roberts 的七階段危機介入模式

第一階段：心理社會和致命性評估

危機工作者必須快速但徹底地進行生物心理社會層面的評估，這個評估至少要涵蓋個案的環境支持和壓力源、醫療需求和用藥狀況、目前使用毒品和酒精的情形，以及個案內、外在的因應方式和資源（Eaton & Ertl, 2000）。

分類評估模式（triage assessment model）是一個可以有效（且快

速）評估危機反應中情緒、認知和行為的方法（Myers, 2001; Myer, Williams, Ottens, & Schmidt, 1992; Roberts, 2002）。評估致命性時，第一步要做也是最重要的，是確定個案是否真的萌生自殺意圖。如果沒有在醞釀自殺意圖，危機工作者應該詢問個案是否有自我傷害的可能性，這些評估需要危機工作者去：

- 詢問關於自殺的想法和感受（例如：「當你說你再也無法忍受時，這是否意味著你想要傷害你自己？」）；
- 評估個案對自己做出致命傷害的心理意圖的強度（例如：一個罹患了致命疾病或處在痛苦情境而打電話到生命線的人，可能有強烈的自我傷害意圖）；
- 評估自殺計畫的致命性（例如：這個在危機狀態中的人是否有明確的計畫？此計畫的可行性為何？他是否已經在心裡盤算好計畫的施行方法？這個方法的致命性為何？這個人能否取得傷害自己的工具，像是藥物或武器？）；
- 詢問病人的自我傷害或自殺意圖史，並將某些危險因子納入考量（例如：個案是否有社交孤立或憂鬱的狀況？是否正在經歷重大失落，如離婚或裁員？）。

關於立即的危險性，危機工作者一定要能夠迅速確認，像是危機專線的來電者是否會是家暴、被施暴者跟蹤或性侵害的對象。具有敏感度的臨床工作者和諮商師會使用巧妙的晤談，而不是審問的方式，讓那些資訊在個案說故事的過程中自然浮現。當臨床工作者對個案的狀況有了完整的了解，且個案在過程中也感到自己被傾聽和了解時，會更容易做出完善的評估。在Roberts的模式中，第一階段（評估）和第二階段（迅速建立合作默契）幾乎是交錯進行的。

第二階段：快速地建立合作默契

透過諮商師對個案展現出的真誠、尊重和接納，可以促進合作的默契（Roberts, 2005）。也是在這個階段，危機工作者要善用他們的特質、行為或天生性格的正向力量，來為個案灌注信任和信心。雖然已經有很多的正向力量被提出，但是特別重要的一些包含良好的眼神接觸、不評價的態度、創造性、彈性、正向的心理態度、強化個案的任何一點進步，以及復原力。

第三階段：辨識主要問題或危機的促發因素

危機介入要聚焦在個案當下碰到的問題，通常也就是那些促使危機發生的事情。如同 Ewing（1978）所指出的，危機工作者要有興趣釐清「個案的生活發生了什麼事，而導致他在這個時間點需要協助」，所以，我們要從各種角度去問的問題是：「為什麼是現在？」Roberts（2005）建議不要只是詢問促發危機產生的事件（俗稱的「最後一根稻草」），也要從著手處遇的步驟來考量問題的緩急輕重，這個概念被稱為「尋出平衡點」（looking for leverage）（Egan, 2002）。

在了解事件是如何擴大為危機的過程中，臨床工作者會對個案的「典型因應風格」（modal coping style）有越來越清楚的概念——這個典型因應風格很可能會為了要解決現在的危機或預防未來危機的發生，而需要加以調整。舉例來說，Ottens 和 Pinson（2005）針對危機中的照護者進行研究時，發現一些重複的因應模式（repetitive coping style）：(1)和照護對象起爭執；(2)默默順從照護對象的要求；(3)在讓步也無法避免危機繼續擴大時，感到自責。

第四階段：處理感覺和情緒

第四階段包含兩個部分。在第一個部分，危機工作者要努力讓個案表達感覺，並就當前危機情境來闡釋他或她的故事。要做到這點，危機工作者需要採用大家熟知的「主動聆聽」（active listening）技巧，像是重述語意、反映情感和探問（Egan, 2002）。在第二個部分，危機工作者可以開始在危機諮商的對話中，謹慎地加入挑戰性回應（challenging responses）。挑戰性回應可能包括了提供資訊、重定視框（reframing）、詮釋，以及扮演「唱反調」（devil's advocate）的角色。如果能適當運用挑戰性回應，可以協助個案鬆動其適應不良的信念，並且考慮其他的行為選擇。舉例來說，一位年輕的女性發現她的男朋友和她的室友一起欺騙她。諮商師在第四階段會允許她表達受傷和嫉妒的感覺，並且說出她遭受背叛的故事。在適當的時機，諮商師可以大膽質疑她是否以服用超量的乙醯酚胺（acetaminophen，譯註：普拿疼等止痛藥中的活性成分）來作為面對此事件最有效的方式。

第五階段：形成和探索替代方案

在危機介入的工作中，這個階段通常是最難完成的。在危機中的個案，缺乏平靜了解事情全貌的能力，即便適得其反，仍傾向於頑固地緊抓過去所熟悉的因應方式。可是，如果已經達成第四階段，個案可能已經處理掉夠多的情感而可以開始重建情緒上的平衡了。這個時候，臨床工作者和個案可以開始討論一些選擇，像是為了確保個案安全的「不自殺契約」或「短暫的住院治療」；或是討論其他替代方案，像是尋找暫時的住處；或是考慮各種治療藥物依賴方案的優缺點。需要謹記的是，透過合作並由個案「做主」決定，可以激盪出更好的替代方案。

臨床工作者可以詢問個案，過去在類似的情境下，哪些因應方式曾經發揮功能。舉例來說，最近經常有新近移民或雙文化背景的個案，當他們傳統文化的價值觀或習俗在美國受到忽視或被侵犯時，他們會因為文化衝突或「差異」（mismatch）而發生危機。例如：在墨西哥的習慣是當女兒開始約會時，他們會陪同或護送女兒，但在美國就沒有這樣的習慣。這或許可以協助我們思考，個案如何因應或適應其他的文化差異。如果危機是一個獨特的經驗，那麼臨床工作者和個案可以一起腦力激盪出更多的替代性方案——有時候越古怪越好——只要可以應用在目前的事件上。焦點解決治療的技術也可以整合到第五階段，像是「擴充談論解決方案」（Amplifying Solution Talk）（DeJong & Berg, 1998）。

第六階段：實踐行動計畫

在第六階段，各種策略會被整合進一個能夠增進賦權（empowering）的治療計畫或是協同性介入方案中。Jobes、Berman和Martin（2005）描述對高自殺風險的青少年進行危機介入時，在第六階段會出現從危機狀態到解決危機的轉變。對於這些自殺的青少年，一個行動計畫會包含幾項要素：

- 移除工具——讓家人或其他重要他人攜手移除所有致命工具，並確保環境的安全；
- 協商安全——在個案同意維持自身安全的前提下，訂定具時效性的協議；
- 後續聯繫（future linkage）——安排電訪、後續的治療聯繫，以及個案會期待的活動；
- 減少焦慮和失眠——如果有強烈的焦慮，也可以使用藥物，但必須要小心監控；
- 減少孤立——朋友、家人和鄰居都必須被動員起來，與身處危機的青少年持續接觸；
- 住院治療——如果風險持續存在、無法降低，而且病患不能承諾自身安全，這就是必要的介入方案。

顯然地，在這個階段所採用的具體行動計畫，對於協助個案恢復平靜和心理上的平衡是非常重要的。然而，Roberts（2005）指出，認知在第六階段是相當重要的一個面向。因此，要從離婚、喪子或藥物過量中恢復，需要從危機事件中創造一些意義：

- 它為什麼會發生？
- 它代表什麼意義？
- 已經在這件事情上嘗試過哪些替代做法？
- 牽涉到哪些人？
- 這個事件實際上和其他人的期待有什麼衝突？
- 什麼樣的回應（認知或行為的）會讓事情變得更糟糕？

修通（working through）事件的意義是非常重要的，可以促使個案在情境中獲得掌控感，並能夠在未來因應類似的情境。

 第七階段：追蹤

在最初的危機介入之後，危機工作者應該計畫和個案進行後續的追蹤聯繫，以確保危機正朝著解決的方向前進，並評估個案在經歷危機之後的狀態。這種對個案的危機後評估（postcrisis evaluation of the client）要包含：

- 個案的生理狀況（例如：睡眠、營養、衛生）；
- 對於促發事件的認知掌握程度（個案對於事件經過和原因是否比較清楚了？）；
- 全面性的功能評估，包含社交、心靈、工作和學業；
- 對持續治療的滿意度和進步情形；
- 任何當前的壓力源，以及如何處理它們；以及
- 可能需要的轉介服務（例如：法律、居住、醫療）。

追蹤也包括在危機介入結束後一個月左右安排一次「強化性」晤談，在其中可以討論治療中的收穫和潛在的問題。對於那些和哀傷個案工作的諮商師而言，也建議他們在死者逝世週年的紀念日左右安排一次追蹤服務（Worden, 2002）。同樣地，對於那些和暴力犯罪受害者工作的危機諮商師來說，則建議他們在一個月之後以及在受害滿週年的日子安排追蹤服務。

危機管理計畫

大多數的成人擁有社交和情緒資源的網絡，花時間和他們討論生活中哪些方面可以用來支持他們保持穩定。朝向問題解決和建立個體力量的方向去工作，是災難心理健康的基礎。每個人都有與生俱來的一套能力可以對災難做出反應。將這個介入階段當作一個可以用來檢視知識以解決問題的好機會是很重要的。這些解決問題的機會包括但不限於：

- 實用的問題解決技巧，通常指常識；
- 了解和接納的情緒能力；
- 對復原歷程建立符合現實的期待；
- 理解和遵循指示的能力；以及
- 取得潛在支持系統的能力。

找出替代行動，可以被視為重建歷程的第一步。到目前為止，介入的行動都是以認知功能的穩定和修復為目標而進行。從這裡開始，介入將把個體帶上復原的歷程。

危機中的行動步驟

提供一些方式，讓個案可以在情緒和生理健康上獲得有關的支持，是一大關鍵。不過，發展行動計畫的基礎已經變成了賦權。如同之前在第10章提及的，大多數的災難倖存者都和未曾涉入災難的其他人有所連結，協助倖存者開啟他們實已存在的支持網絡，是協助他們從災難中復原的一個關鍵面向。在這個階段有一件重要的事情要注意，那就是需求清單應該在此之前就已經整理好，心理危機工作者的角色之一，便是藉由這張清單來協助連結其他的合作服務。在他們提供訊息時，也會討論到病人的治療需要、喜惡以及優先事項。依據個案的需求清單，以最不會造成困擾和限制的方式來提供轉介，也是介入者的責任（Roberts, 2000, 2002, 2005a）。需要立即轉介的情況例如：

- 急性的醫療需求；
- 急性的心理健康問題，像是精神疾病發作或即將發作的物質戒斷反應；
- 既有藥物、情緒或行為問題的惡化；以及
- 確認有家庭暴力或是兒童虐待、老人虐待事件。

其他的連結活動包含但不限於：

- 情緒支持
- 社會連結
- 建議和資訊

- 物質方面的協助
- 保險方面的協助
- 法律上的協助
- 家庭成員的支持
- 災難支援工作
- 經濟支援
- 安置支援

建立追蹤服務的時機很重要，因為危機讓人難以承受的本質，讓許多受害者被迫在追尋實質需求和心理健康需求之間做取捨（例如：立即性的失落，包含規劃葬禮、找房子、處理保險理賠、面對身體所需的治療和需要），並不是所有人都願意或能夠說出在危機中所出現的情緒。此外，危機的受害者可能會因為非常聚焦在獲救的那一刻，而無法意識到後續的照護需求。也就是說，他們或許無法確認因為危機情境而留下的心理症狀。為了這個目的，提供接受追蹤的潛在機會可能是重要的（Yeager & Gregoire, 2005）。

所有的危機受害者都應該取得資訊以：

- 協助辨識災難引發的常見反應，並視這些反應為正常現象；
- 改善因應機制；
- 辨識自己和他人因災難的創傷反應而出現的相關重要症狀；以及
- 增加覺察的能力和獲得服務的管道。

追蹤的內容應該包含：

- 快速獲得服務的管道；
- 體認到復原是一個需要持續行動的歷程；

- 在復原歷程中納入外在資源；
- 提供倖存者和家庭的教育及治療；以及
- 追蹤、篩檢身心健康狀態。

當危機介入的對象是暴力犯罪的受害者時，危機介入需要更廣泛的定義，不只關注受害者的心理需求，同時也要關注受害者的具體需求（Roberts, 2000, 2002, 2005）。具體需求可能包含：

- 緊急住所
- 食物和食物兌換券
- 緊急經濟補助和受害者賠償
- 交通
- 醫療照護
- 身體治療
- 緊急牙醫照護
- 語言及聽力治療
- 緊急心理健康治療

以危機介入作為心理急救

在刑事司法系統中，警察通常是和犯罪受害者接觸的第一線。在過去的二十年裡，執法機構在給予受害者協助和家庭暴力的介入上有顯著的進步。他們採用的方法可發揮心理急救（psychological first aid）的功能，並包含下列步驟：

- 評估心理社會需求和致命性。

- 建立合作默契。
- 確認當下的問題和促發事件。
- 讓受害者說出他們的故事。
- 協助受害者找到替代的正向因應技巧和方法。
- 協助發展行動計畫。

第12章

危機專線工作者的可為與不可為

要知道個案在危機情境中會經驗到的極多種情緒反應，幾乎是不可能的事。許多個體都出現了難以將經驗轉化為語言的困難。危機專線提供每天24小時，每週七天的支持。警察或查號台人員會提供當地危機專線或社區危機中心的名稱給處在危機情境中的人。在美國各地的資訊和轉介服務單位總共超過 30,000 個（Levinson, 2003）。Walters 和 Finn（1995）曾指出並討論了針對特殊和高危險族群所設的十三種危機專線的目標：

- 生涯導航工作資訊專線
- 員工協助專線
- 失智症照顧者的資訊和轉介專線
- 兒童專線
- 媒體的問答專線
- 警察和緊急電話
- 物質濫用危機專線

- 自殺防治專線
- 青少年專線
- 老人的安心電話方案
- 懼曠症危機治療電話
- 大學附設的諮商專線
- 24 小時的電話治療，由三百位有證照的家庭治療師、心理師或社會工作者值班接聽電話

有時候隨手進行的事情比較緩和，就可以作為一個有效的媒介，藉此檢視強烈的情緒反應。聽音樂、閱讀、繪畫和說故事等方法，都會帶領個體進行檢視並面對感覺和情緒。大多數的人都願意談論危機情境，然而也要注意的是，允許個體依照自己的步調進展，是非常重要的。介入者不應該有自己得要控制會談的感覺，而是要讓會談自然地浮現。每一通打進危機專線的電話和每一個回應，都會隨著每一通電話的獨特情境而有所不同。不過，當我們在回覆危機專線時，必須能有所為、有所不為：

可為

- 保持冷靜；
- 給予尊重並審慎關心個案的隱私；
- 給予支持以協助個案聚焦在特定的感覺或情緒；
- 向處於哀傷中的個人再保證，他們正在經驗的一切都是可理解也可預期的；
- 提供資訊以引導個體融入他們的周遭環境；
- 讓他們知道自己很有可能會持續經驗到哀傷、生氣、害怕和孤

單的情緒波動；

- 支持他們持續地表達哀傷、憂鬱和害怕的感覺，提供可以獲得各種支持的管道，包含其他諮商師、牧師或同儕；
- 詢問個案，你可以特別做哪些事情來幫助他們處理感覺和情緒；
- 提供指定讀物或其他資源，來幫助他們因應；
- 保持中立，並且讓來電者自己找出問題的解決方案；
- 注意你自己的感覺，以及這些感覺會如何干擾你在電話上的介入。例如：如果在你的個人生活中，對離婚有強烈的感覺，你需要提醒自己，當你在和有離婚問題的來電者談話時，要能放下這些感覺；
- 體認到，即使覺得自己做得不夠，但僅僅是傾聽和陪伴，也許就是全部要做的事，而且還可能非常有幫助；
- 如果不清楚來電原因，就問來電者是什麼讓他現在打電話進來；
- 協助來電者形成選擇並且做出決定；
- 協助來電者和機構、而非你個人建立關係。因為當來電者需要幫助但你卻無法接聽時，機構就可以提供協助；以及
- 結束通話前，需了解來電者的計畫為何、接下來打算做什麼、明天會是什麼樣子，並提出以電話追蹤的邀請。

不可為

- 說你知道他們的感覺；
- 將談話轉移到另一個主題；
- 暗示災難是命中注定；
- 說他們需要哀悼；
- 說他們現在需要放鬆；

- 說他們能夠活著而且撐過事件就很好了；
- 說事情也可能更糟；
- 告訴他們世事皆有上天的美意；
- 說沒有人會被給予超出他們所能承受的試煉；
- 把來電者的感覺輕描淡寫以對。不要說「你怎麼會有這種感覺？事情不像你所想的那麼糟」；
- 評價、責備或偏袒。通常已經有很多人在來電者的生活中這麼做了；
- 說教、講道或診斷；
- 提供解決方法或告訴來電者你認為他應該怎麼做。不要將建議或聲明隱藏在問句裡，例如：「你覺得留在那裡然後感覺糟糕比較好，還是走過去跟他說清楚比較好？」；
- 對來電者在故事中展現的優點過度強調和讚美；
- 問來電者為什麼他要用這種方式去感覺或行動。來電者可能真的不知道為什麼、也有可能做出防衛反應，或兩者都有；
- 和來電者分享你的想法或理論。你只需要分享你對他的福祉的關心；
- 讓來電者知道別人是否有用過專線服務；以及
- 對於在一通電話中能夠完成的事情，有不切實際的期待。如果來電者隨著時間發展出許多問題，那麼體悟和改變可能也需要時間。

處理高難度或敵意來電者的步驟

一般來說，危機專線工作者應該假設大部分的來電者是真正想要尋求幫助，而且為了讓危機專線工作者能夠給予協助，會配合分享相關資訊。然而，危機專線工作者應該謹記於心的是，這些打危機專線的人有時處在極端的壓力下，因此應該以簡單、精確的訊息來提供幫助，避免複雜的指示。當個體透過危機專線求助，他們應該和人產生連結，藉以減少挫折經驗。大部分的高難度來電者常常在聽到真人回應之前，已經在一連串的語音系統中等候很久了。來電者不應該知道危機專線工作者的分機號碼和姓名。當電話在忙線中或無人可接聽時，應該要將電話自動轉接到特定的備用電話，以建立真實的接觸。探問來電者感到挫折感的原因，試著去判斷他們是否：

- 受到驚嚇
- 感到迷惘
- 有敵意
- 鎮定
- 喝醉
- 有心理疾病

一旦確定了挫敗感的來源和呈現方式，危機專線工作者就可以依照個別的需求，加以回應。一開始就先建立基本規則是重要的。有些來電者可能無法提供訊息，有些可能是不合作的並且／或者不願意對回應者提供資訊。訓練和督導對危機專線工作者的學習是很重要的，可以讓他們學習如何用最佳的方式和廣泛的潛在來電者工作，包含那些可能有矛盾、敵意和有情緒壓力的人。

危機專線工作者應該要有危機諮商的訓練和／或經驗，以及評估和判斷心理健康的緊急事件的經驗，其中包含自殺的風險。危機專線工作者必須做好準備，以回應來電者提出來的五花八門的可能需求，從轉介和連結到需要現場回應來電者的立即性緊急需求。危機專線工作者必須有能力立即安排臨床資源和其他緊急服務。處理高難度的來電者的方式如下，但不限於此：

- 承認危機專線的限制。
- 告知來電者專線工作者可以幫忙之處。
- 避免爭論。
- 協助建立並維持焦點。
- 可能的時候提供他們替代性方案。
- 在有需要的時候，可以應用「選擇假象」（illusion of choice）歷程，例如：先提供來電者比較不想要的選擇 A，接著再提供對來電者和危機專線工作者都比較好的選擇 B。
- 準備好將來電者轉介給督導，或其他比較有能力處理來電者需求的機構。留在電話線上，直到來電者和接受轉介的機構工作者連上線，此時你才能夠結束這通來電。
- 同意彼此可以有不同的意見。有些時候，我們依照情境可能需要對彼此不同意的部分立下同意書（例如：來電者堅持繼續使用會改變情緒的藥物）。危機專線工作者不應該和來電者爭執是否必須停止飲酒或使用其他藥物，而是要説明下一步行動可能會是什麼，像是派出緊急救援到現場。持續與來電者工作，直到能夠順利處理來電者的適當選擇出現。
- 危機專線工作者必須持續在電話線上工作，直到來電者表示可以感覺到介入或計畫做的介入能確保他或她的安全。

第 13 章

自殺風險評估的程序和徵兆

自殺的徵兆——進行致命性評估

美國每年大約有 31,500 個自殺案例，相當於每天有大約 86 件自殺事件或每 17 分鐘就有一人自殺。換句話說，在一年當中，每 10 萬人就有 10.8 人自殺。在美國 15-24 歲的人口中，自殺位居致死原因第三名，而在不分年齡的所有人口中，則是致死原因的第八名。在美國，自殺的發生率比他殺事件還高。

自殺率高過他殺率。國家暴力致死報告系統（National Violent Death Reporting System, 2005）指出，在參與調查的七個州中，其年齡標準化他殺率為每 10 萬人有 5.6 人，而自殺率則是每 10 萬人就有 9.7 人。自殺顯然是公共衛生與臨床上的一大挑戰，雖然我們在辨識自殺的風險因子上已經有了實質的進展；然而，我們對於能夠有效降低自殺和自殺風險的可靠臨床方法及相關知識仍舊有限。

風險因子

● 自殺意圖的過去史

有20%-50%的自殺者曾經意圖自殺，那些有強烈企圖的人也會有更高的自殺成功風險。

● 精神疾患

憂鬱

精神分裂

物質濫用，特別是和憂鬱症共病時

人格疾患，特別是邊緣性人格和反社會性人格

● 遺傳體質

有自殺、憂鬱或其他精神疾病的家族史

● 神經傳導物

已有研究顯示，腦脊髓液中的血清素代謝物5-氫氧靛基醋酸（5-hydroxyindoleactic acid, 5-HIAA）濃度降低，確實與精神疾病患者提高自殺意圖並完成自殺有關聯性。

● 衝動

衝動的個體比較容易有衝動的自殺行為。

● 人口統計學

性別：男性自殺的可能性比女性高出三到五倍。

年齡：自殺率最高的是年長的白人男性，其次是13-21歲的男性。

如何判斷一個人是否出現了自殺危機？

自殺危機指的是個體在特定時間內傳達出自殺的立即性危險。自殺風險是一個廣義的用詞，其中涵蓋前述像是年齡和性別、精神疾病診斷、過去的自殺意圖和衝動的人格特質等因素（American Psychiatric Association, Steering Committee on Practice Guidelines [APA], 2003; Roberts et al., 2004）。危機的徵兆包括：

- 促發事件：近期發生特別讓人困擾的事件，像是失去摯愛或事業失敗。有時候是個體自己的行為促成這樣的事件，舉例來說，一個男人在喝酒後會有虐待行為，導致妻子離去。
- 強烈的情感狀態：除了憂鬱絕望（痛苦並迫切地需要緩解）以外，還有憤怒、焦慮、罪惡感、無望感、強烈的被遺棄感。
- 行為上的改變。
- 個體在言談間暗示即將自殺：這樣的話語可能是間接的，對這類的描述需要保持警覺，像是：「家裡沒有我會更好。」有時候這些打算自殺的言談，彷彿是他們在說再見或是將要離去一般。
- 從買槍到突然開始處置私人事務的舉動。
- 工作或社交的功能退化、飲酒量增加、其他自毀行為、失去控制、突然暴怒。

自殺的致命性評估

❖自殺評估、治療及預防的流程圖❖

A.進行詳細的精神鑑定（psychiatric assessment），包括致命性評估（APA, 2003; Yeager & Roberts, 2004; Roberts & Yeager, 2005a），這項評估應該包含下列要素：

1. 辨識危險因子與保護因子
2. 評估目前呈現的自殺傾向
   a. 計畫與致命性
   b. 病人對致命性的期待
   c. 取得自殺工具的難易度（尤其是槍枝）
3. 評估自殺史
   a. 過去和半途而廢的嘗試
   b. 過去自殺意圖的致命性，並注意致命性是否逐次提高
   c. 與自殺意圖相關的藥物治療
4. 物質的使用——現在與過往
5. 評估下列感覺
   a. 無望感
   b. 衝動
   c. 攻擊
   d. 躁動
6. 精神疾病診斷——要特別注意情感性疾患、精神分裂症、焦慮性疾患、物質濫用以及人格疾患（尤其是邊緣性人格與反社會

性人格）

7. 心理社會性的壓力源
    a. 支持系統
    b. 實際或覺知到的人際失落
    c. 經濟困難或社經地位的變動
    d. 就業狀況
8. 關於死亡與自殺的文化宗教信念

B. 如果可能的話，提供評分量表來幫忙評估，但這並不能用來預測或取代完整的評估作業。

C. 聯絡家庭、支持系統和主要照顧者，以獲得周邊的資訊，並告知評估結果。

D. 注意自殺意念的性質、頻率、時間點與持續性。

E. 查明病患對致命性的預期（若致命性超過了預期，要檢視意外死亡的風險與量表評估的增加狀況）。

F. 評估病患取得自殺工具的可能性，尤其是槍枝（APA, 2003）。

❖ 評估風險 ❖

A. 透過知識完備的評估來判斷風險，並將焦點放在降低風險上。

B. 辨識哪些因素是可以調整的。

C. 要體認到危險因子本身並不能作為可預測性的判斷，因為它們的嚴重程度不一，而且可能只有合在一起看時，才能看到其中的關聯性。

D. 為了降低自殺風險，應把焦點放在嘗試緩解危險因子或強化保護因子上。自殺風險與保護因子包括但不限於下列各點：

風險因子

性別	男性
年齡	25 歲以下或 65 歲以上
婚姻狀態	單身、喪偶、離婚
種族	白人、阿拉斯加印地安人、美國原住民
性傾向	男同性戀者、女同性戀者、雙性戀者
物質使用史	有
過去的自殺史	有，包含半途而廢或被中斷的嘗試
生理疾病	有，注意慢性疾病和長期疼痛
精神病（psychoses）	有，特別是命令式幻覺（command hallucinations）
心理因素	無望感、衝動、攻擊性、敵意、焦慮
自傷史	有
精神疾病診斷	特別注意重鬱症、躁鬱症（憂鬱或混合）、精神分裂症、物質使用疾患和人格疾患，尤其是 DSM-III 中的 B 型人格疾患
社會因素	缺乏社會支持、社經地位下降、家庭暴力、近期的關係問題、近期的壓力事件、近期的失落事件以及接受自殺的宗教或文化信念
家族史	有自殺記錄
療癒性關係	不足或缺乏

（APA, 2003）

保護因子

孩童	住在家中
生活滿意度	正向的
宗教信念	對自殺持負向態度
文化信念	對自殺持負向態度
因應技巧	擅長將希望寄託於未來
社會支持	正向的社會支持
檢驗現實的能力	正向積極
療癒性關係	良好

（APA, 2003; Yeager & Roberts, 2004; Yeager, Roberts, & Streiner, 2004）

評估結果的記錄

關於評估的任何討論中，都必須包含一段記錄評估結果的簡短描述。完整且徹底的記錄是讓所有在治療中與個案接觸的助人工作者能夠溝通評估結果的關鍵（APA, 2003; Wishaar, 2004; Yeager et al., 2004）。

A.評估結果裡一定要包含下列這些記錄：

1. 風險和目前自殺意念的評估；
2. 和參與病人治療的臨床工作者的合作狀況；
3. 其他醫療記錄與過去住院記錄的回顧；
4. 與家庭、支持系統的談話記錄的回顧。

B. 此外，所有的介入都應該要清楚而精確地呈現決策歷程的相關訊息。

C. 如果是住院或類似處置的病人，應在下列重要時刻做記錄：

1. 入院評估；
2. 有任何自殺行為或意念發生時；
3. 病情有明顯變化時；
4. 優先權被調整時；
5. 治療方法有明顯改變時；
6. 出院時。

D. 若病人的自殺計畫會用到槍枝，那麼一定要在記錄中顯示曾經教導病患及其家屬，確保病人再也無法取得這些物品。

E. 記錄中需要包含病人和家屬對於上述建議的回應，並且確認家屬對建議的履行狀況或拒絕的理由。

F. 日誌記錄需要能夠反映出病人對已制定的治療計畫的回應，以及根據病人狀況變化而對治療計畫做的修正（APA, 2003）。

家庭危機的介入

很多時候，家庭會面臨到一些情況需要危機介入。相較於個人的危機介入，為家庭成員做的危機介入需要採取不同的方式。雖然個人危機介入和家庭危機介入還是有部分重疊，但家庭危機介入的關鍵在於採用系統取向。可能會引發家庭治療需求的議題包含：

- 婚姻問題
- 離婚
- 飲食疾患，像是厭食症或暴食症
- 物質濫用
- 憂鬱症或躁鬱症
- 慢性健康問題，像是氣喘或癌症
- 哀傷、失落和創傷
- 工作壓力
- 教養方法
- 情感虐待或暴力
- 經濟問題

家庭危機介入的關鍵要素包含：

- 立即的回應
- 對家庭的支持
- 優勢與需求的評估
- 家庭有什麼選擇
- 連結到適當的服務
- 運用既有的支援和非正式的社區資源來支持家庭系統

結構取向家族治療的基本原則

結構取向家族治療（structural family therapy）是 Salvador Minuchin（1974）發展出來的方法，它聚焦在家庭成員間的互動，以了解家庭的結構或組織。這個理論所提供的架構能夠巧妙地和Roberts的七階段危機介入模式融合起來。在結構取向家族治療和Roberts的七階段模式中所使用的技巧都是積極、有目的性、經過審慎考慮的，並且聚焦在需要被完成的需求有哪些、何時完成、如何完成。

家族治療中所言的「症狀」被視為結構失效時的副產品，要改變它，就必須要成功解決手邊的危機。在症狀減少之前，必須先改變這些家庭裡面的結構。

 Roberts 的危機介入方案：對危機家庭的因應

案例

William 是家裡第一個進入醫學院就讀的孩子。他的父母、手足和祖父母都非常高興 William 將要成為充滿前景的醫生。William 為了在學校獲得高分，非常用功讀書，也認真地參加夏令營和課外活動，以贏得足以幫助他申請醫學院的證明。然而，在他收到入學許可信之後，家裡的氣氛卻開始緊張了起來。William 開始會繃著臉，有時候還顯得疏離，而且是明顯地衝著弟弟，這個狀況造成手足關係的緊張，並且在 William 因成就而獲得比平常更多的注意和獎勵後，逐漸惡化。有天晚上 William 很晚回家，還跟弟弟大聲吵架，最後演變成全武行，一切問題就此爆發出來。William 的爸爸也被捲入這場肢體衝突，最終還鬧到街上，William 拿著球棒追了他爸爸一陣子，並且打壞好幾部停在郊區路邊的車子，最後，警察抵達現場逮捕 William，把他帶到警察局。最後的結果是由兒童服務機構介入調查整起事件，William 現在和他的祖父母住在一起，同時也要面對攻擊罪嫌的起訴。

第一階段　規劃並進行一份完整的心理社會和致命性評估

在最初的這個階段，治療師要對這個家庭做一份完整的心理社會評估。透過評估，治療師清楚地知道 William 既不會殺人也不會自殺，他只是對現在的狀況感到十分挫折，並且表示「他現在希望自己從未被醫學院錄取」。William對於嘗試符合父母親的期待感到挫折，而且覺得父母將他們的目標和人生夢想強加在他身上，不讓他去追求自己的人生。目前的家庭危機介入正該從這一點開始。

第二階段　從心理層面接觸並且快速地建立關係

和William工作的目標設定在建立合作默契以及發展心理接觸。治療師將家庭會談定調在透過跟 William 工作，來確認他的會談目標，並呈現一個可能可以達成的實際期待。檢視家庭歷程是有效治療的關鍵，所以發展對William的家庭結構的了解是一個關鍵概念。

家庭結構由一套無形的功能性要求或規則所組成，而影響著家庭成員之間的連結方式。介入者在檢視家庭結構的同時也要注意：

- 誰對誰說了什麼，
- 用什麼方式說，以及
- 有什麼樣的結果。

這樣做可以提供重要資訊來一探家庭中各種次系統之間的互動，這些次系統諸如：

- 配偶：妻子和丈夫
- 父母：母親和父親
- 手足：孩子
- 延伸系統：祖父母、其他親戚

有一件要注意到的重要事情是，每個家庭成員在其所屬並參與互動的不同次系統裡，都扮演不同的角色。當一個次系統凌駕或闖入另一個次系統時，會開始出現結構上的問題，在這個案例中，William

跨越了一些次系統的界線，包含了弟弟和父母間次系統的互動。

第三階段　檢視問題的層面以定義問題

檢視問題層面的方式之一，就是去定義關係的界線。在家庭裡有各種界線結構。情緒界線的功能在於保護和增強個體、次系統和家庭的健全。有些家庭會示範極端的界線，範圍從完全疏離到高度糾結，以致養成個體在家庭系統中過度依賴父母或其他人。治療師的終極目標，在於幫助家庭建立清楚、健康的界線，使次系統中的所有成員了解個人的定位，也同時在家庭系統中獲得歸屬感。

第四階段　鼓勵對感覺和情緒的探索

William對問題的覺知是，家人透過他取得的醫學院入學資格來替代性地實現他們自己的生命。治療師可以從這個地方開始探索家庭結構，其他家庭成員的回應可以提供資訊和指引，以產生可行方案來減少家庭失能的症狀。在這個階段的危機介入，很重要的是要判斷下列事情：

- 溝通的模式
- 次系統中的權力和控制中心
- 家庭次系統內部和彼此之間的聯盟
- 表達情緒的方式
- 解決問題的方式
- 問題解決者
- 代罪羔羊
- 沉默的成員

第五階段　探索並評估過去的因應嘗試

探索並評估過去因應嘗試的最好方式，就是觀察目前的因應歷程。危機介入者可以藉由觀察家庭互動，來判斷家庭次系統的動力為何。在這個例子中，爸爸雖然扮演著執行者的角色，但治療師清楚地看到家庭的權力結構都圍繞在 William 的媽媽身上，因為她在會談裡是主要的貢獻者。所有其他的家庭成員都跟隨著媽媽的領導。有趣的是，William和身為爭論源起的弟弟之間存在著一個明確的聯盟，這暗示 William 和弟弟的爭論，迫使爸爸用他從未料想過的方式去加以介入。這起事件造成了家庭互動上的裂縫，藉由對既定家庭角色的挑戰，破壞了所有家庭成員之間原有的平衡。

第六階段　透過履行行動計畫來修復認知功能

家庭危機介入的目標是讓家庭結構透過下列方式帶出改變：

- 修正家庭的人際交往規則；
- 發展更適合的界線；
- 創造一個有效的階層結構。

介入者可以假設這個家庭先前不但存在著不良的結構，還因為危機而產生了其他的問題結構。介入者也可以安全地假設，家庭擁有可以作為基礎的正向技巧。在這次的會談裡，William家中存在的僵化界線逐漸清晰地浮現，次系統的產生便是在因應界線的僵化時，所採行的適當和不適當的功能。舉例來說，William 和他弟弟形成聯盟，好支持他們避開已經建立的界線，而且那到目前為止，都為兩人發揮了功能（Greene Lee, Trask, & Rheinscheld, 2005）。

危機介入者的角色是要建立一個行動計畫，以積極融合家庭共同以下列方式啟動結構上的改變：

- 以領導者的姿態參與家庭，藉此分散原有的權力結構；
- 描繪潛在的家庭結構，以小心揭露可能不適當的家庭歷程；並且
- 其介入的方式主要是為了將無效的結構轉換成有功能的家庭模式（Sluzki, 1992）。

最後，介入者在塑造衝突情境中的適當互動時，是可以參與家庭行動的，介入者的角色是要藉著處理家庭成員的認知和情緒反應來穩定他們，並且聚焦在家庭成員對問題的不同詮釋，好開始重定視框的歷程（Anderson, 1987）。

第七階段　追蹤

在後續的追蹤會談裡，危機介入者的角色是要藉著持續挑戰下列事項，來不斷地為治療努力：

- 僵化的人際交往規則；
- 推動更清楚的界線；
- 增加家庭互動的彈性；以及
- 修正失功能的家庭結構。

第 15 章

物質濫用者的危機介入

什麼是物質依賴？

物質依賴是一種慢性、漸進且可能致命的原發性疾病，其發展及表現會受到基因遺傳、心理社會及環境因子的影響。它的特徵在於對飲酒行為出現持續或週期性的控制力受損、沉迷在藥物或酒精飲料裡，以及即使知道藥物與酒對健康有害並會扭曲思考，會有明顯的否認逃避但仍持續使用（Yeager & Gregoire, 2005）。

漸進且致命（progressive and fatal）意指這樣的疾病會長時間持續存在，而且在生理上、情緒上與社會上的變化通常是累進的，還會隨著飲酒行為的持續而惡化。物質依賴會因為用藥過量以及腦、肝、心臟或其他器官的器質性併發症讓人們英年早逝，同時也會造成自殺、他殺、車禍與其他創傷性事件。

原發性（primary）意指物質依賴的本質就是一種超出、也有別於其他相關生理病理狀態的疾病。原發性表示物質依賴不只是一種潛在疾病的症狀而已。

疾病（disease）指的是一種非自願的身心缺陷，代表了一群個體所呈現出的異常現象的總集，這些現象具有一組明確、共同的特徵，使這些人有別於常態，並處於不利地位（Yeager & Gregoire, 2000）。

控制力受損（impaired control）意指無法控制藥物的使用，或是無法持續地在飲酒時，控制其時間、飲酒量，和／或飲酒或用藥的行為後果。

沉迷（preoccupation）意指與物質出現過度的連結，而且會把很多注意力集中在物質的使用及效果上。個體賦予改變情緒物質的相對價值，常常會導致個體把精力從生活上重要的事轉移開（APA, 2004）。

物質依賴症狀的層級

● 第一級症狀——生理上的

物質依賴的個體可能會形成並經驗數種生理症狀：

- 增加對物質的耐受性
- 細胞與組織的適應
- 器官病變
- 短暫昏迷
- 戒斷反應
- 焦慮
- 焦躁易怒
- 失眠
- 鮮明生動的夢

- 反胃
- 腹瀉
- 頭痛
- 生命徵象（vital signs）亢進
- 渴望

第二級症狀——防衛機制

物質依賴的人會形成與使用積極的防衛機制來解釋行為的改變，這些人常使用：

- 合理化：以不合理的藉口去解釋行為。
- 辯護：為自己的行為辯護。
- 最小化：對疾病的狀況和嚴重性輕描淡寫。
- 外化：將疾病的惡化怪罪到他人身上。

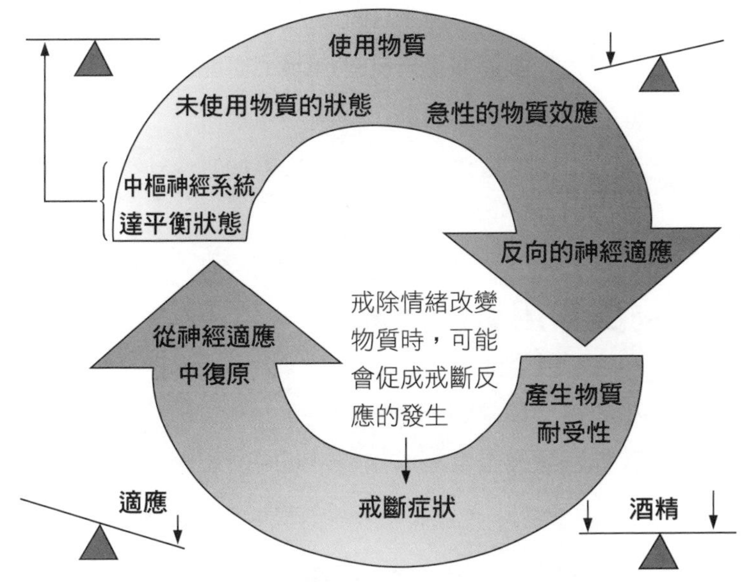

圖 15.1　物質濫用與戒斷的心理生理階段

否認就是指個體無法發現或承認缺陷。使用大量酒精或其他情緒改變物質（mood-altering substance）的人，可能無法有系統地蒐集、統整和記住相關的資訊，他們可能也無法使用這些資訊去歸納出一個清楚的結論（也就是這個人有酗酒問題）。最近的研究指出，僵化的防衛機制其實可能是認知受損的一種形式（Rinn, Desai, Rosenblatt, & Gastfriend, 2002）。

• 第三級症狀——感覺／情緒反應

物質依賴的人在復原歷程的初期會經驗到強烈的情緒苦痛，像是：

- 對於再也不能毫無顧忌地飲酒感到生氣；
- 對於過去行為的潛在後果或未來可能發生的事感到害怕；
- 與物質使用相關的失落（例如：工作、家庭、穩定的經濟，以及自我感的喪失）；
- 對於飲酒和使用藥物時所做的事情覺得有罪惡感；
- 因為覺知到自己變成什麼樣子而感到羞愧。

（Yeager & Gregoire, 2005）

Roberts 的危機介入方案：對物質濫用者的因應

案例

剛經歷失業和離婚的 Donna 出現在急診室，她在言談中隱約提及自殺的意念。她陳述說她已經「束手無策，而且她的家人和這個世界如果沒有她會更好」。她是一位 43 歲、已婚、有兩個小孩的女性。她的前夫提到她長期以來心情起伏，而且已經連續幾個月需要頻繁地長時間工作；但是他相信這是她那一行的常態。Donna在當地的公司當了十四年的會計師。她從青少年時期開始喝酒，在高中時還偶爾為之，但在大學的時候逐漸增加，每個星期喝 3-6 杯，週末則喝 6-8 杯。大學時期她開始抽大麻，後來也陸續偶爾使用大麻（一年 4-6 次）。她否認有任何其他藥物的使用史。從大學開始，Donna的飲酒量穩定維持在每個禮拜 3-6 杯。大約三年前，Donna經歷了一場車禍，她的其中兩節脊椎（L-4、L-5）受到擠壓。一開始醫師開給她止痛藥，也發揮了一陣子的功效，但是漸漸地疼痛又回來了，Donna說她正在服用強力止痛藥奧施康定（Oxycontin），也承認她使用的劑量超過處方。過去九個月內，她的飲酒量急劇增加，除了服用止痛藥以外，她每天晚上喝 4-6 杯葡萄酒。最近，Donna因為缺席次數太多又無法順利完成工作而被解雇。她的婚姻問題其來有自，她說上個星期她的丈夫要求她搬離家，當她質問原因時，他表示在過去的一個月中她經常酗酒，要求 Donna 離開家是為了孩子的緣故。檢驗完成的結果顯示一切大致正常，只有肝指數偏高。Donna的生命徵象升高，除了自殺意念的陳述外，也出現了戒斷症狀。

第一階段　規劃並進行一份完整的心理社會和致命性評估

首先也是最重要的是獲得基本的資訊，以評估個案是否有立即性的危險。為了提供有效的焦點解決介入（solution-focused interventions），必須持續進行快速的風險評估。萬一個案處於立即性危險中，緊急的藥物或警方介入通常是必要的。以 Donna 的案例而言，她的自殺意念評估結果是暫時性的，而且與失業、婚姻失和的當前危機有關。這樣的個案可能會有高風險的行為史，像是酗酒、藥物依賴、躁鬱症、脾氣暴躁易怒、精神分裂症和／或沉浸在自殺的想法或幻想之中。危機介入者使用Roberts的七階段介入模式當作介入時的參考是非常重要的。

第二階段　從心理層面接觸並且快速地建立關係

在這個階段，臨床工作者的主要任務是藉著對個案傳遞真誠的尊重與接納，來建立工作默契。通常個案需要被再保證他們還有救，而且他們找對了能夠給他們所需協助的適當地方。在這個案例中，臨床工作者應對 Donna 保證她尋求專業協助是件正確的事，而且從現在開始，她可以處理自己所面臨的問題，而不是被這些問題淹沒或擊倒。向 Donna 保證也有其他人曾遭遇到類似問題，他們不但走過來了，還活得更加豐富，而且這些人也會幫助她看到解決問題的希望。很重要的是，不要承諾不可能實現的治療結果，所以臨床工作者必須在提供希望感和具有現實感的期待之間，維持一個微妙的平衡。跟個案討論相似的個案以及復原歷程，將會幫助個案了解其他人也經歷過類似的問題並且復原了。檢視個案在治療歷程中所展現的力量，可以讓他們再次得到保證，相信自己有復原的能力。

第三階段　檢視問題的層面以定義問題

在這個案例中，協助個體去探索問題的每個面向是重要的，在適當的時機加以連結，好協助個體把導致危機情境的每一個點連結起來。指出下列各點會是有用的：

1. 使個案尋求幫助的「最後一根稻草」或促發事件；
2. 過去的因應機制；
3. 危險性或致命性。

危機諮商員應該透過特定的開放式問句探索這些面向，並且必須把焦點放在**現在**以及**如何**，而不是**那時候**和**為什麼**。以這個個案來說，很重要的是要協助個案看見痛苦、自行服藥和藥物耐受性增加的關聯性，以及物質濫用也是導致失業及婚姻失和等這些立即危機的促成因子。

現存因素	照顧層級的考量	治療方式	反應因素	出院後的因素
動機 家庭和社會支持 疾病的嚴重性 認知功能 共病狀況	戒毒 居家式 密集門診 門診 藥物管理 尿液監控	動機式晤談 認知行為 焦點解決 優勢觀點 短期危機介入	病人對介入有所反應 保持充分的治療 家庭與同儕對個體治療的反應	病患的復原力因子 病人再犯因子 為自己負責的程度 支持因素

圖 15.2　成癮危機介入治療歷程模式的要素

第四階段　鼓勵對感覺和情緒的探索

這個階段密切地關係著各面向問題的檢視與定義，特別是促發事件。**積極傾聽**（active listening）是辨識個案的感覺與情緒最主要的技巧，這包含了危機工作者以同理、支持的方式去傾聽個案所描述的事件，以及他們對於危機事件的感受。在 Donna 的例子中，允許她在能夠承受的範圍內去探索她的恐懼、挫折、痛苦、受傷、失落，可以協助她將具體的行為間形成連結，而這也會成為一個協助她做出決定的動機因素。你身為一個危機介入者，也許會為了追蹤階段的照護要轉介病人，但這件事對個案來說會牽涉很多困難的決定。檢視個案的各種感覺和情緒可能帶給病人動機朝行動階段邁進。

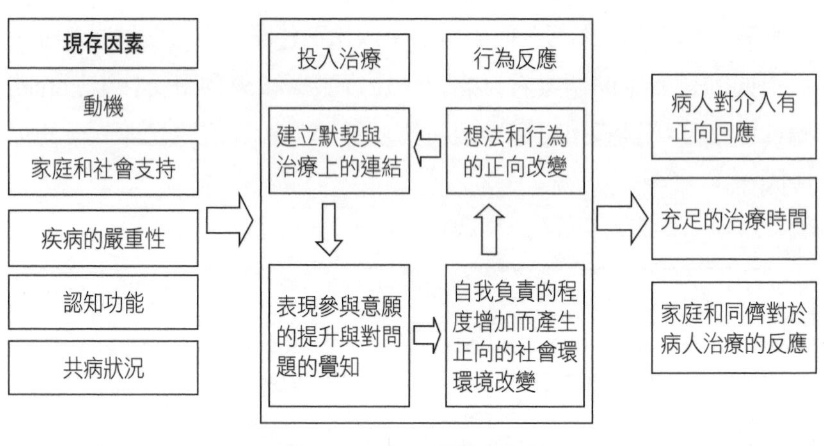

圖 15.3　治療歷程模式

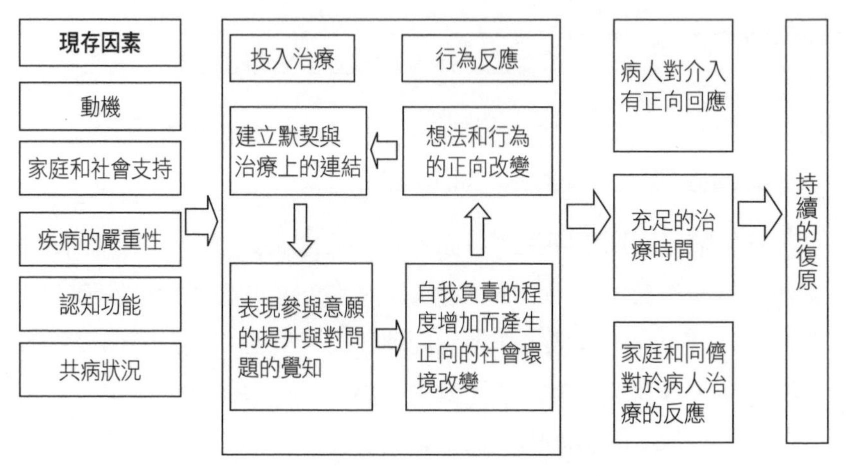

圖 15.4　療癒性介入應維持的歷程

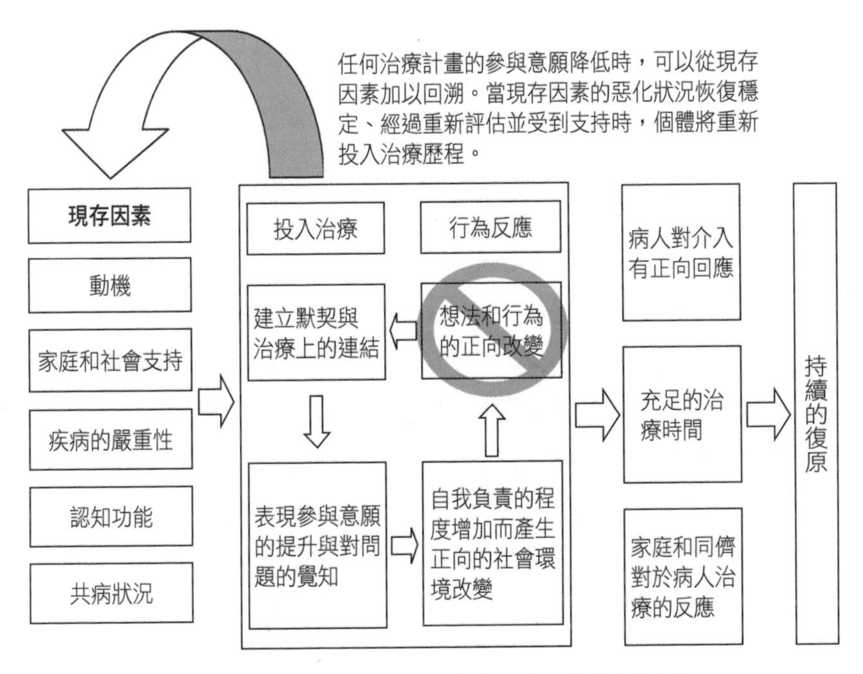

圖 15.5 介入方案的參與意願降低時的處理

第五階段 探索並評估過去的因應嘗試

大部分的年輕人和成人都已經發展出數種因應機制來因應危機——有些具有適應性，有些適應性較低，也有些並不充足。基本上，當「平常恆定而直接的問題解決機制失效時」，一件帶有情緒危險性的事件就會成為情緒危機（Caplan, 1964）。危機介入的主要焦點包括去辨認、調整個案在前意識和意識層面的因應行為。

Donna 有數種有效的因應機制在過去曾經拯救過她；她已經取得了大學學位、擁有良好的人際關係，並且建立了家庭和事業，如果她的藥物依賴問題沒有浮上檯面，這些仍然是完好無缺的。第五個階段的重點，是要協助 Donna 看見她已經擁有可以支持她復原的因應技巧，而在這個階段，應該將以解決方案為基礎（solution-based）的治療方法整合到危機介入之中，個案應該被視為擁有非常多的資源，而且擁有未開發的資源或沉潛內在的因應技能可供使用，其重要之處在於：

- 焦點解決治療採用特別強調詳盡說明的臨床技巧，例如：奇蹟式問句（miracle question）、例外問句（exception question）、量化技巧（scaling techniques），都很適合用在危機介入中。
- 焦點解決治療認為個案具備復原力。
- 整合優勢觀點和焦點解決治療取向，從中喚起個案的記憶，回想起他們最後一次覺得一切順利、擁有好心情而非憂鬱的時刻，和／或他們之前曾經順利處理生活危機的經驗。

第六階段　透過履行行動計畫來修復認知功能

認知取向的危機介入背後隱含的基本前提是，外在事件以及個體對事件的認知之所以被轉化成個人危機的狀況，都是基於認知因素，因此，危機介入的目標就轉為：

- 首先，要協助個案聚焦在「為什麼一個特定的事件會導致危機」，了解實際上發生了什麼事以及什麼導致危機的發生，好讓個案可以繼續生活下去。
- 其次也會很有幫助的是，讓個案自行定義事件的獨特意義，以及它如何與個人的期待、生活目標或信念系統產生衝突。
- 最後在掌控認知的部分，要包括認知重組、認知重建，或是取代非理性信念和錯誤的認知。這可能需要透過認知重組、回家作業，或介紹個案認識已經度過並且掌控了相似危機的人（例如：支持性團體）來為個案提供新的資訊。

治療計畫提供一種格式，把前面所提的各個階段納入一份使個案進步的工作藍圖。個案參與治療的計畫過程，會讓他們更加遵守被賦予的任務，也更珍視治療關係和治療歷程。以這個案例來說，在先前的危機介入階段中引導 Donna 連結各點，就現階段的回顧而言，就是在協助復原計畫的發展，這有助於協助 Donna 去檢視她的酒精及藥物使用，是否與她為有意義的家庭及專業關係所訂的人生目標是一致的。這麼做的時候，危機介入者會引導 Donna 去意識到她的行動與她的人生目標並不一致。

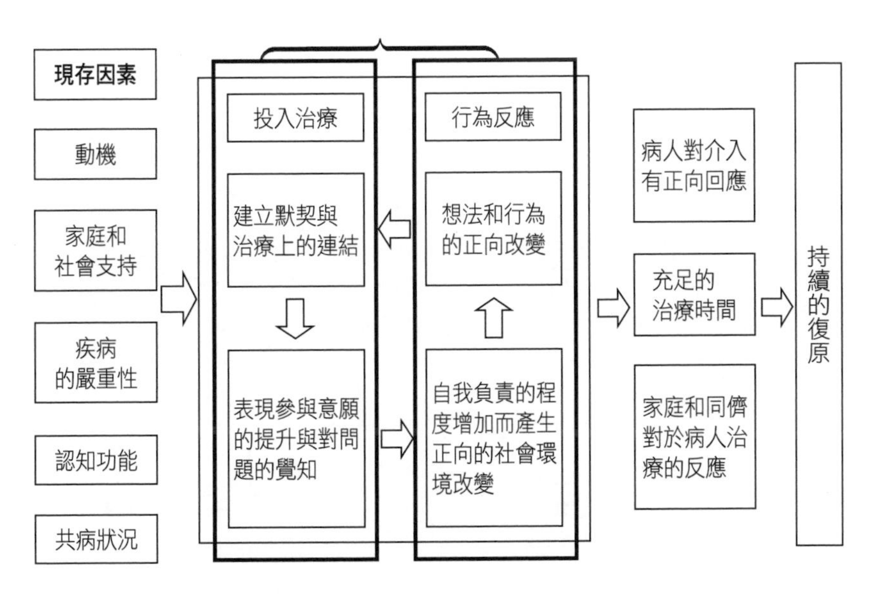

圖 15.6 用來增進及強化復原方面的臨床介入設計應該出現在投入及行為反應的部分

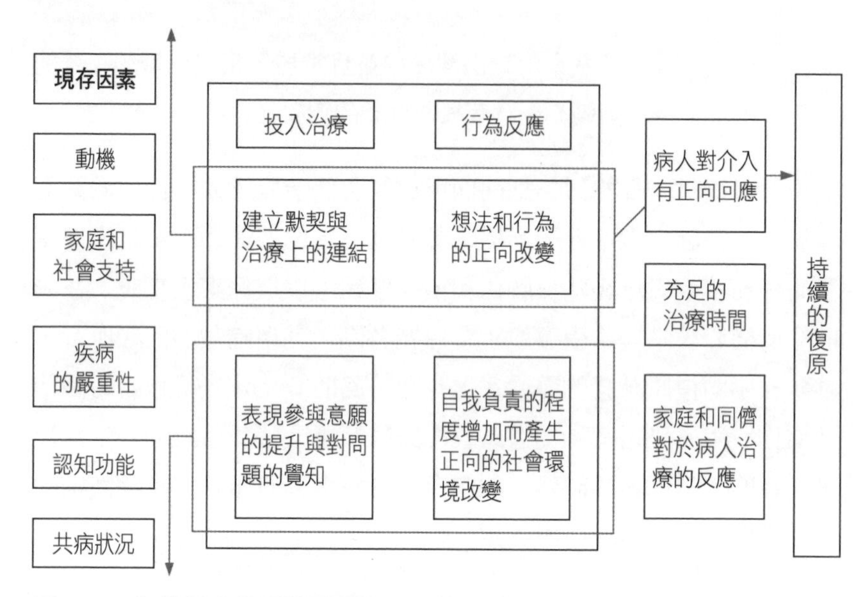

圖 15.7　在整個治療系統隨時都可以提出「接受」或是「承認照護需求」的相關議題

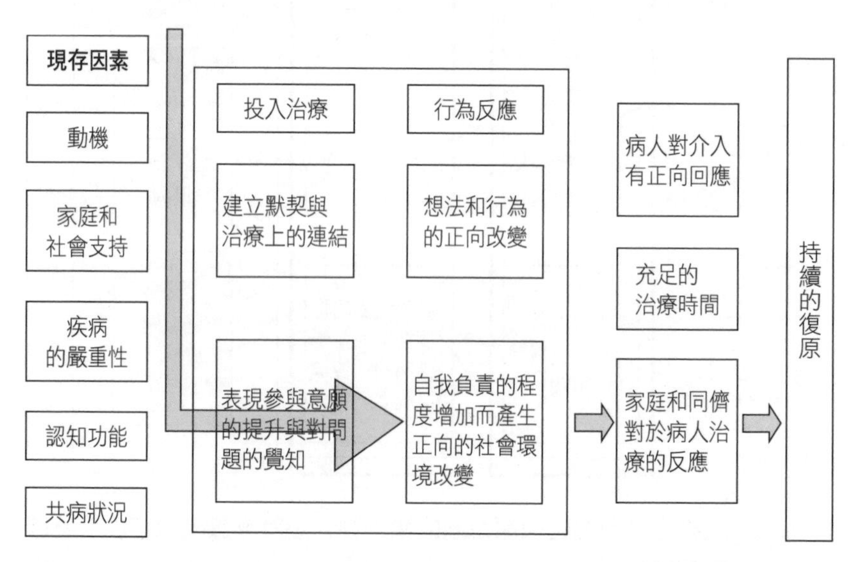

圖 15.8　在治療介入中可以用專業的或技巧導向的介入方式持續給予支持

第七階段　追蹤

最後一次會談的時候，應該要告知病人，若他或她在任何時候有需要回來會談的話，治療的大門仍然敞開，治療師也會在那裡等著。在 Donna 的例子中，先前呈現的治療地圖提供了許多照護的機會。有一點很重要而必須要注意的是，危機介入是產生在危機工作者與危機中個體間的一種合作關係，在個案進入下一階段的治療之前，維持連結是非常重要的。不要低估以追蹤問卷判斷服務效果的重要性。當 Donna 開始治療物質濫用時，給予支持也是很重要的。短暫的追蹤拜訪、電話問候或是真誠的信件，都可以提供她非常需要的再保證，並支持她維持新的因應策略。不可低估這些小舉動所帶來的力量。

另外兩個族群

青少年與老年人是另外兩個在物質濫用方面需要關注的族群。這兩個族群都有其獨特的風險因子，將在下面的篇幅中加以討論。

物質濫用與青少年的大腦

根據 Joseph A. Califano, Jr.（2002）的研究可以合理假設，依照任何公共衛生標準來看，未成年飲酒在美國是無法抑止的流行趨勢，有時候，從中小學時期開始，甚至連 9 歲的兒童就已經開始飲酒。在青春期發生的物質濫用會在大學時期達到高峰，據估計，有 44% 的大學生會喝酒狂飲。在全美的大學校園中，酒精是約會強暴、性騷擾、種族紛爭、中輟、酒精中毒死亡、自殺事件中最常指涉的濫用物質；事實上，啤酒和其他酒精飲料也隱身在青少年主要死因的前三名背後：意外死亡（包括交通事故與溺斃）、他殺與自殺。

因未成年飲酒造成的意外、溺斃、燒燙傷事件、暴力犯罪、自殺意圖、致命的酒精症狀、酒精中毒、醫療急救照護等，所花費的財務成本將近 530 億美元。在青少年時期嘗試喝酒的青少年幾乎都會持續飲用，在曾經喝過酒的高中生裡（就算只喝過一次），有 91.3%的人在 12 年級時仍然飲酒。更令人煩惱的是，曾經喝醉過的高中生中——即超過 200 萬的青少年，有 83.3%在 12 年級時仍然有喝醉的情形。還有一些值得注意的是：

- 未滿 21 歲的年輕人喝掉了全美 25%的酒精消耗量。
- 超過五百萬名的高中生（31.5%）承認至少每個月有一次喝酒狂飲。
- 兒童開始飲酒的年齡層逐漸下降；從 1975 年起，在 8 年級或更小就開始喝酒的孩童比例躍升了約三分之一，從 27%增加至 36%。
- 幾個世代以來在飲酒量上存在的性別差距已經消失無蹤；9 年級的男生和女生喝酒（40.2%和 41%）與狂飲（21.7%和 20.2%）的比率幾乎一樣。
- 青少年族群物質使用的平均發生年齡約為 9-13 歲，這些人未來將衍生出藥物濫用的議題。
- 其中一個堪憂的原因為：大腦的前額葉皮質在 20 歲之後才會發展成熟，物質濫用會讓青少年的腦部發展較易受到傷害（The National Center on Addiction and Substance Abuse, 2007）。

那麼，飲酒會影響青少年的一生嗎？

- 青少年飲酒為成人酒精成癮根源的第一名。
- 21 歲之前開始飲酒的兒童，有超過兩倍的可能會發展出酒精相關的問題。
- 15 歲之前開始飲酒的人，變成酗酒者的可能性比 21 歲之前未曾飲酒的人高出四倍。
- 未成年飲酒者的尼古丁及非法藥物上癮風險極高。重度飲酒（30 天中至少在五種場合喝至少五杯酒精飲料）的青少年使用非法藥物的可能性，比起不喝酒的人高出十二倍（CASA, 2007）。

另一個讓人憂心的消息是，美國各地青少年的處方藥物使用量增加。青少年處方藥物使用的增加來自於下列幾個原因：

- 處方箋的開立數量增加（更加容易取得）；
- 媒體及廣告（電視和報紙）引起的注意；
- 容易取得（例如：網路的便利性）；
- 不當的知識及監控（負面效果被忽略）。

也有越來越多的青少年透過親戚取得處方藥物。處方藥物的濫用常被忽略；然而，一旦發生了濫用，處方藥物的網路通路提供了潛在的致命組合。舉例來說，在混合使用時，處方藥物可能有潛在的嚴重醫學後果，也就是藥物的交互作用，會造成足以致命的用藥過量。透過網路取得處方用藥是非常容易的。使用 Google 搜尋關鍵字「不用處方箋取得 Oxycodone」，就可以得到 2,220,000 個連結。圖 15.9（Johnston, O'Malley, Bachman, & Schulenberg, 2007）顯示出從 8 年級到 12 年級的處方藥物濫用呈增加趨勢。

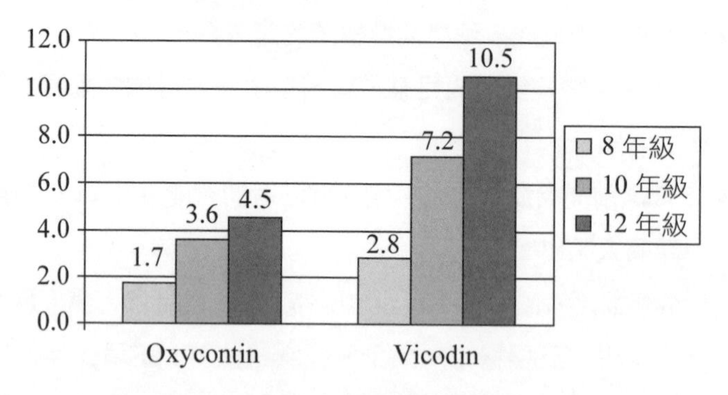

圖 15.9　8 年級到 12 年級青少年處方藥物使用的狀況（2003）

資料來源：Monitoring the Future Study, 2003

（譯註：Oxycontin 及 Vicodin 皆為止痛藥，Oxycontin 為 Oxycodone 的原廠藥名）

❖物質濫用與老年人❖

根據物質濫用與心理健康服務管理局（Substance Abuse and Mental Health Services Administration, SAMHSA）指出，酒精與藥物濫用約占老年人心理健康相關服務處遇所有個案的 10%。酒精以及合法藥物，不論是處方或非處方藥物，其濫用對於今日的美國老年人都是一個嚴重的健康問題，影響了高達八百萬名（17%）60 歲以上的成年人。處方藥物的誤用和濫用在老年人間為普遍現象，它不單只是因為有更多的藥物被開立，更因為老化影響讓身體更容易被藥物傷害。體質（body mass）的流失導致老年人體內水分減少而使血液中的酒精濃度提高；由於把酒精在進入血液前分解的胃部酵素〔乙醇脫氫酶（alcohol dehydrogenase）〕減少，再加上肝臟及腎臟的功能下降，使得老年人排除血液中酒精的作用更為緩慢。

藥物與酒精的混合使用帶有風險，而多種藥物的使用讓風險更高。由於大約50%的老年人是輕度或中度的飲酒者，酒精與其他藥物的交互作用，將可能隨著這個族群的老化成為日漸顯著的問題。物質濫用的相關問題，可能隨著嬰兒潮世代的老化，且經歷了慢性生理障礙、社交網絡的減縮及生活水準降低而扶搖直上（Eaton et al., 2008）。

對老年人物質濫用的預防及治療須考量以下的概念性議題：

- 年齡群的定義；
- 一生中使用量的變動情形；
- 合理／適當的酒精及處方藥物使用；
- 濫用／依賴的診斷標準；
- 針對特定次族群的風險概況；以及
- 預防目標。

老年人物質濫用的風險因子可能有以下幾點：

- 男性；
- 少數種族／民族；
- 精神病學的共病情形；
- 較高的社經地位（socioeconomic status, SES）；
- 社交／同儕支持減少；
- 過去曾接觸情緒改變藥物；
- 有使用物質作為因應策略的歷史；及
- 慣常低估使用及濫用情緒改變藥物所造成的影響。

保護因子為：

- 女性；
- 虔誠的信仰；
- 較少的生理／心理健康問題；
- 較低的社經地位；
- 正向的因應風格；
- 較多的社會支持。

傳統上，醫生並未被提醒要注意老年人物質濫用的現象，因為這些症狀與其他伴隨老化而出現的疾病相似。有些工作者會假設年長族群較不會濫用酒精或藥物，而且可能也對於適當的篩選技術缺乏了解。此外，資料指出，將近一半（46.6%）的家庭醫生發現，要和病人討論處方藥物濫用的可能性是困難的（Foster, Vaughan, Foster, & Califano, 2003）。

另外，有時候很難要老年人體認到他們可能有物質濫用的問題。儘管大部分的老年人（87%）會固定就診，但估計仍有 40%置身風險之中的人並不自知，更沒有尋求物質濫用的相關服務（SAMHSA, 2002）。因為自我覺知的能力低落——個體孤立的副作用，病人會把物質濫用的症狀歸因於老化的過程或是疾病本身，短暫昏迷有時被歸因為健忘。可能有物質使用問題的老年人，其徵兆和症狀包括：

- 焦慮
- 短暫昏迷、暈眩
- 憂鬱
- 迷失方向
- 情緒擺盪
- 跌倒、瘀青、燙傷

- 家庭問題
- 財務問題
- 頭痛
- 失禁
- 耐受性增加（對酒精或其他藥物）
- 惹上法律麻煩
- 記憶力衰退
- 做決定時開始出現以往沒有的問題
- 衛生習慣不好
- 自發性的癲癇
- 睡眠障礙
- 社交孤立
- 對藥物產生異常反應

第16章

意外事故倖存者的危機介入

意外事件的危機介入需求經常被低估。美國每年在交通意外中喪生的統計數字令人吃驚：2006年有42,682人。令人慶幸的是，國家健康、運輸與安全管理局（National Health, Transportation, and Safety Administration, NHTSA）指出，在2005-2006年期間，美國的交通意外事故死亡率下降了2%，或可以換算為駕駛人每行駛一百萬英里，即發生1.42件交通意外死亡事件，而這是美國有史以來最低的統計數字（NHTSA, 2006）。然而，在其他類型意外中的受傷人數卻節節上升。根據疾病管制中心（Centers for Disease Control, CDC）統計，在2004-2005年之間，美國約有1億800萬人次的急診服務，其中大多歸因於意外事故，包括：工傷、交通意外、犯罪事件及意外的醫藥反應（American College of Emergency Physicians [ACEP], 2008）。

Roberts 的危機介入方案：對意外事故倖存者的因應

第一階段　規劃並進行一份完整的心理社會和致命性評估

在對意外事故倖存者進行危機介入時，第一優先顯然是要確認生理上的傷害是否已得到治療。受到嚴重的傷害時，危機介入或許要擱置到受害者的病情穩定後才能開始。危機工作者必須盡一切可能協助第一線以及醫護人員，即便你只能幫忙管制交通、蒐集緊急聯絡人等相關資訊，以及聯繫親屬。假若受害者是兒童或其他家庭成員，家長或受害者的親屬可能沒有受到生理上的傷害，但卻會深深經驗到情緒上的痛苦。為家庭成員提供危機介入，不僅可以減少長期的創傷經驗，也可能降低未來發展為急性壓力疾患或創傷後壓力疾患的機率。

有時，當危機工作者進到現場，或是碰到意外的狀況時，可能會需要在醫護人員到達現場前幫忙急救；如果碰到這樣的狀況，先做個深呼吸，然後開始急救。冷靜地說明你要進行的步驟，特別在必須碰觸受害者，或者移除傷處覆蓋的衣物來檢視受傷的範圍時。盡可能在急救過程中請受害者協助，讓他自己握著繃帶也有助於獲取控制感。

大多數的意外事故受害者只有些微甚至沒有顯著的外傷。

第二階段　從心理層面接觸並且快速地建立關係

與意外事故倖存者工作時，應遵循下列幾項重要的原則：

- 向受害者介紹自己的姓名與職稱。即使你在醫療院所中已配戴識別證或狀況很清楚，仍要謹記受害者可能因為過於煩亂而無法理解自己所處的情境。
- 謹記受害者可能仍處在驚嚇過度的狀態而以超出預期的方式來回應你，這特別可能發生在你在現場進行危機介入的時候。
- 放慢所有步驟的進行。
- 用簡短、清晰、有條理的語句描述現場發生的事，以及後續的處理步驟。
- 避免指責性的口吻，如：「你剛剛在做什麼？」
- 可能的話，盡量以簡單、支持性的語句來回應，如：「有任何事情是我可以幫忙的嗎？」

意外事件中最常見的反應是震驚與害怕，在與因成人而受創的兒童工作時，謹記他們可能會帶著害怕的情緒回應環境中的任何陌生成人。

第三階段　檢視問題的層面以定義問題

危機工作者與意外事故受害者工作時，需要能展現出同理、支持與不批評的態度，以理解事件的各個面向。使用簡單又不會重啟受害者創傷經驗的問句，能夠大幅協助受害者回復信任感與信心，並藉此幫助溝通及對事件各個面向的了解。如果受害者想多說一些，即使受害者岔題、閒聊或者偏離主題，也一定要花點時間聆聽。這一切都可以幫助個體的療癒，容許他們慢慢消化事件。然而，受害者在討論的過程中如果出現難過或生理反應，就要協助他們緩和下來，提醒受害者現在處於絕對安全的狀態，而且休息對於回復健康是很重要的。如果情況許可，盡可能陪伴受害者，直到確定他們的心緒回復到相對平靜的狀態。

第四階段　鼓勵對感覺和情緒的探索

如同第三階段，如果受害者想多說一些，就要花時間聆聽，即使受害者岔題、閒聊或者偏離主題時亦然。這一切都有助於個體的療癒，容許他們慢慢消化事件。然而，受害者在討論的過程中如果出現難過或生理反應，就要協助他們緩和下來，提醒受害者現在處於絕對安全的狀態，而且休息對於回復健康狀態是很重要的。如果情況許可，盡可能陪伴受害者，直到確定他們的心緒回復到相對平靜的狀態。

第五階段　探索並評估過去的因應嘗試

所有和意外事故受害者進行的危機介入工作，都應該建立在受害者個人所擁有的資源之上，其重要性是由於身為危機工作者的我們並不確定受害者本身有多少能力可以化解眼前的危機。將介入建立在既有的因應技巧上，可以提升其自我效能與控制感。

第六階段　透過履行行動計畫來修復認知功能

與「盡力回復控制力」顯然緊密相關的，是經由發展清楚的行動計畫，以回復認知功能的歷程，其重要性在於它對這個令人難以承受的情境提供了進一步的秩序與結構。很重要的是，受害者要知道如果情勢有所改變，他們並不需要遵循計畫中的每一個細節，但危機工作者也應強調結構在復原歷程中的重要性。

第七階段　追蹤

與受害者初次會談時，追蹤的歷程便已展開。危機工作者須對受害者詳細解釋每一個工作歷程，首先進行自我介紹，然後告訴受害者你計畫要做的事情以及所需時間。工作任務一旦完成，你要說明接下來將會發生的事，讓受害者知道狀況，並且盡量讓他們能夠加以掌控。在介入的尾聲，提供一張清單，列出可能提供服務的機構、聯絡方式，以及必要的保險資訊，以協助持續性的照護。鼓勵受害者在有必要時再次聯絡。提供所有可能的聯絡方式，並在結束時說：「我也會給你我的名片，不管什麼原因，都可以隨時與我聯絡。你還有其他問題嗎？」

第 17 章

暴力犯罪受害者的危機介入

在危機介入的領域中，有一些研究特別聚焦在受害者心理。受害者心理學（victimology）是一門研究人們因為犯罪活動而蒙受生理、心理、財物損傷的科學領域。受害者心理學家研究有關受害事件的盛行率、社會大眾對受害者困境的反應、加害者造成的傷害與損失所帶來的影響，以及刑事司法系統如何對待受害者。

1963 年，紐西蘭制定全世界第一個受害者補償計畫，英國等其他國家也很快跟進。1965 年，加州成為全美第一個開始執行受害者補償計畫的州；1966 年，紐約成立特別犯罪受害者補償委員會，來分派對犯罪受害者的補償；1967 年，麻州成為全美第三個針對犯罪受害者實施財務援助的州，並透過州檢察長辦公室執行。各州必須成立以警力為基礎的專責反應小組，來處理心理健康、災害管理小組以及危機反應小組的相關議題。

以警力為基礎的反應小組

以警力為基礎的心理健康、精神科門診與災害管理危機反應小組成立的主要目的，是要為暴力犯罪、家庭暴力的受害者及倖存者，以及因恐怖攻擊及自然災害，如水災、颶風、地震、龍捲風等直接造成的集體創傷與危機的倖存者，提供快速的援助。數以千計的暴力犯罪受害者向警察機關、受害者協助計畫、心理健康中心、家暴庇護所、受害者補償計畫尋求協助，以因應被迫成為受害者的危機。

在過去十五年裡，公共政策與計畫的發展已經產生戲劇性的變化，進而帶動了理論、研究及立法的快速擴張，以保護受害者權益，並為倖存者提供服務。在美國的社群領導者、國會議員以及倡議受害者權利的人士所完成的重大成就，包括了遊說並通過數以千計的法律條文與州法修正案，以便從聯邦與州政府的層面保護受害者的權利。

此外，在 1990 年代到二十一世紀初期，大部分的聯邦與州立法案也包括了撥款經費的增加，提供給近 18,000 個社區危機反應小組、社區心理健康中心的危機介入單位、受害者服務／目擊者協助計畫，以及性侵危機與家庭暴力機構與服務（Roberts, 2005a）。

各州的受害者補償計畫傾向於處理會造成生理傷害、心理創傷或致死的犯罪事件，如謀殺、性侵害、襲擊、搶劫等。他們同時也對兒童性侵、配偶暴力、肇事逃逸與酒後駕車等的受害者提供服務，但大多數方案不會補償受害者的財產損失或失竊的物品。

一般來說，警察機關常是犯罪受害者與刑事司法系統接觸時的第一線。執法單位在調查犯罪與拘捕嫌疑犯的同時，也具有保護受害者的雙重角色。過去二十年來，執法機構在協助受害者及家庭暴力介入方面有明顯的進步。在受害者心理學中談到的特定任務包括但不限於以下幾點：

- 評估心理社會需求和致命性；
- 建立合作默契；
- 確認當下的問題和促發事件；
- 讓受害者說出他們的故事；
- 協助受害者找到替代的正向因應技巧和方法；以及
- 協助發展行動計畫。

受害者心理學中的危機介入也包含處理具體需求，如：

- 緊急住所
- 食物和食物兌換券
- 緊急經濟補助和受害者賠償
- 交通
- 醫療照護
- 身體治療
- 緊急牙醫照護
- 語言及聽力治療
- 緊急心理健康治療

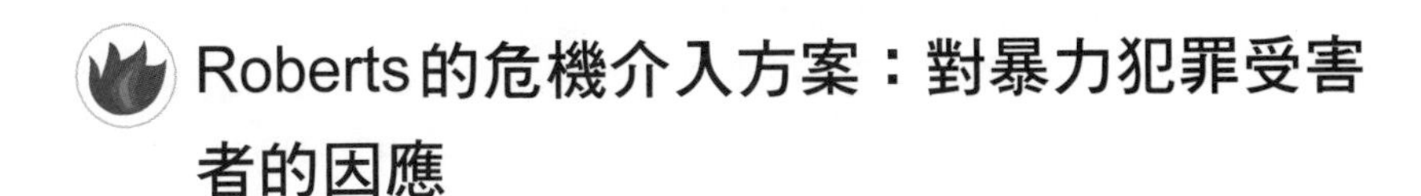

Roberts的危機介入方案：對暴力犯罪受害者的因應

第一階段　規劃並進行一份完整的心理社會和致命性評估

對暴力犯罪受害者進行危機介入的第一步是要提供安全的環境。除了提供醫療與心理層面的急救外，第一線因應人員（first responder）常常要實際進行的任務是，盡可能從受害者身上蒐集資訊，如犯罪的事件本身、受害者的主觀經驗、受害者在生理與情緒上出現的狀況，並向他們保證會盡一切努力去逮捕加害者，以預防進一步的暴力傷害。和暴力犯罪的受害者進行危機介入時，必須同時關切受害者的福祉以及詳細蒐集犯罪相關資訊的需求。

第二階段　從心理層面接觸並且快速地建立關係

接著，暴力犯罪受害者的介入需要以重建安全感與控制感為導向。從警察與其他第一線因應人員開始，所有人都應致力為受害者提供一個安全、安靜的環境，最好能遠離創傷發生的地點。讓暴力犯罪受害者一再地被保證其安全是非常重要的。此外，也要一再地向他們保證立即性的危機已經結束，受害者已經不再處於危險狀態，這麼做可以有助於保護者和照顧者建立關係。快速提供安全的環境，有助於為犯罪受害者建立具支持性的氛圍，並催化心理上的連結。

第三階段　檢視問題的層面以定義問題

第三，受害者需要一個支持的環境來檢視剛發生的事。在這個時間點，積極傾聽提供了機會讓受害者說出他們的經驗。對於多數的受害者而言，遭受暴力犯罪可能是他們生命中最可怕的一個經驗。提供機會讓受害者用自己的話和自己能夠接受的時間與場所來描述事件，可以讓他們對經驗的確切性質有寶貴的領悟。在暴力犯罪的事件中，這個場景會和正在進行調查以及那些試圖盡快蒐集案件真相的人的目標交錯進行。然而，在危機介入專家的正確引導下，危機介入與刑事司法的目標可以在對個人產生最少創傷的方式下進行。讓受害者在不被打斷的前提下單純地說出他們的故事，將可就犯罪事件提供最清楚的輪廓。從一開始的介入與調查過程，危機因應者就處於一個獨特的位置，藉著盡力將受害者對暴力犯罪的經驗與反應正常化並給予認同，可以提供他們再保證。

第四階段　鼓勵對感覺和情緒的探索

先前的過程提供了暴力犯罪的受害者宣洩情緒的機會，治療的觀點也允許探索和暴力犯罪有關的感受和情緒。然而，須盡力減少受害者一再述說故事的次數。他們每說一次受害經歷的故事時，就會重新經驗這個可怕經驗的每一個層面，基本上等於讓他們再次受到創傷。儘管允許受害者述說他們的故事很重要，也應密切注意他們每次述說故事時的反應。如果有必要的話，危機介入者可以限制與工作人員互動的次數，以減少犯罪受害者經驗到的刺激程度。另外，將受害者與媒體的接觸減到最低，可降低受害者經驗到的刺激。最後，協助受害者在情緒與認知歷程間的轉換，將能夠在個體消化犯罪事件的同時，獲得情緒上的平衡。

第五階段　探索並評估過去的因應嘗試

多數暴力犯罪的受害者並沒有類似的生命經驗參考點。因此，協助受害者評估過去嘗試過的因應方式，並思考他們有些什麼方法可以幫助自己度過這次經驗是很重要的。危機介入者永遠應該以暴力犯罪受害者與生俱來的優勢為工作基礎，因為介入者並不清楚現存因應機制的效能，所以在為暴力犯罪受害者評估資源時，須一併考量這些資訊。在提供資源及轉介時，危機介入者應該要衡量受害者主動尋求這些協助的能力。時常發生的是，資源是有，但受害者缺乏聯絡機構並尋求幫忙的能力。

第六階段　透過履行行動計畫來修復認知功能

為了讓延緩求助的現象減到最低，受害者需要被告知將會發生什麼、他們將會如何被對待，以及他們可以如何取得生理與心理健康服務的額外協助。因此，他們應該在治療與調查過程中被視為主動的參與者。第一線因應人員應該是最初的資訊來源，對受害者詳細描述接下來會做的醫療與情緒穩定步驟、犯罪調查及法律程序。另外，那些在保健機構以及衛生福利部門工作的人員應該向受害者宣導可能的情緒「延遲反應」，告知他們在哪裡能找到協助及應該立即採取的行動。

第七階段　追蹤

最後，所有與暴力犯罪受害者工作的人必須意識到一件事實：受害者的反應是感到驚嚇、困惑及處在痛苦中的結果。在最初的介入階段，設立合乎現實的界線是很重要的，才可以幫助受害者了解到，為了將受害後的心理與生理痛苦減到最低而提供的支持仍是有其極限的，所以，把轉介程序準備就緒是很重要的，才能協助那些想要且需要的暴力犯罪受害者進到後續的醫療與心理健康服務機構，以及其他專門協助犯罪受害者的特定單位。

第18章

受虐兒童的危機介入

在兒童保護的領域中，家庭危機並非不尋常的事件。揭露性騷擾的兒童、先天藥物成癮嬰兒的出生、發現青少年對藥物依賴、因暴力行為而遭到逮捕的家長、全家被威脅趕出公有住宅，或是家長被淹沒在兒童的需求中，這些只顯示了家庭可能經驗到的一部分危機。雖然危機的狀態是短期存在（一般而言持續 4-6 週），但這是家庭脆弱度和不平衡最為緊繃的一個時期，需要一個謹慎計畫的因應方案。當然，並非所有在危機中的家庭都會發生兒童虐待的事件，然而，物質濫用、家庭動力及其他壓力源可能會造成大人對兒童採取虐待的方式。

兒童虐待可能有身體虐待和／或忽視的形式。疾病管制中心（CDC）定義身體上的兒童虐待為：

> 家長或照顧者對兒童蓄意使用肢體力量，而造成或可能造成身體上的傷害。身體上的虐待包含毆打、踢、咬、燙、搖，或其他傷害兒童的方式。雖然此行為是蓄意的，但結果可能是蓄意或非蓄意的（也就是因為過度管教或體罰造

成的）。

（Leeb, Paulozzi, Melanson, Simon, & Arias, 2008）

「忽視兒童」被定義為：

無法供應兒童的基本需要。忽視可以是身體的、教育的或情緒的。身體的忽視包含拒絕或延遲尋求健康照顧、遺棄、從家中驅逐或拒絕讓逃家兒回家，及不適當的監視。教育的忽視包含容許長期逃學、無法讓兒童在就學年齡接受義務教育，以及沒有注意到兒童有接受特殊教育的需要。情緒的忽視包含一些行為，如：忽視兒童的情感需求、拒絕或無法提供所需的心理照顧、兒童在場時的配偶虐待，及允許兒童使用藥物或酒精。忽視兒童的評估需要考量文化價值及照顧標準，同時也要了解到無法滿足這些需求可能與貧窮有關。

（Leeb et al., 2008）

在美國的兒童虐待比率是很令人驚恐的，美國衛生福利部（DHHS）一份 2006 年的報告指出：

- 估計每年有 906,000 名兒童是虐待與忽視的受害者。受害比率為每 1,000 人中有 12.3 個兒童。
- 0-3 歲的兒童最可能受到虐待。一年之中，每五十個美國嬰兒中約有一個非致命兒童虐待或忽視的受害者。
- 每年有 1,500 名兒童死於兒童虐待或忽略，代表每天有略超過四人的死亡人數。
- 死亡的兒童中有 79%小於 4 歲。

美國衛生福利部也提出報告，身體虐待與兒童忽視在進入成年期後會持續產生顯著的後果。

- 80%曾經受到虐待的青年人，在 21 歲的時候符合至少一種精神疾患診斷標準（包含憂鬱、焦慮、飲食疾患及創傷後壓力疾患）；
- 受虐兒童比一般兒童多 25%的機會發生未成年懷孕；
- 有虐待與忽視經驗的兒童比一般兒童多 59%的機會成為少年犯而遭逮捕，多 28%的機會在成人時被逮捕，而且多 30%的機會從事暴力犯罪；
- 美國所有的受刑人中，有 14.4%的男性與 36.7%的女性曾在兒童時受虐；
- 受到性侵害的兒童比一般兒童高 2.5 倍的機會發展出酒精濫用；
- 受到性侵害的兒童比一般兒童高 3.8 倍的機會發展出藥物成癮；以及
- 接受藥物濫用治療的人中，有近三分之二的人報告曾在兒童時受到虐待（DHHS, 2006）。

對發展出兒童虐待與忽視有最大影響力的壓力源為：

家庭狀況

- 兒童虐待的調查
- 配偶虐待
- 意外懷孕

- 家長的遺棄
- 有長期臥病的家庭成員

• 經濟狀況

突然或長期的經濟壓力造成許多家庭危機，例如：

- 失業
- 家中現金或是物品遭竊
- 高額的醫療費用
- 錯過兒童撫養費的申請
- 車子被銀行收回
- 斷水斷電
- 因賭博或藥物成癮而「失去」金錢
- 貧窮

• 社區狀況

- 鄰里暴力
- 居家空間不足
- 缺乏社區資源
- 教育課程不足

• 重大生命事件

重大的生命事件會增加家庭的壓力。縱使多數被視為快樂的事，都可能引發家庭危機，並造成兒童虐待或忽視。一些例子如：

- 一段婚姻
- 新生兒的出生

- 工作升遷
- 退休
- 兒童開始上學

其他具挑戰的事件也足以形成家庭的壓力，如：

- 青少年難以管教的行為
- 孩子長大後離家
- 摯愛的人過世

• 大自然元素

- 水災
- 颶風
- 火災
- 地震
- 長時期的高溫與潮濕
- 長時期的陰天或極冷的天氣

危機工作者必須隨時準備好快速進行評估與介入，以確保兒童在受虐情境中的安全。特定的治療目標為：

- 補救危機的狀況；
- 解除急性的家庭壓力症狀；
- 協助家庭與成員恢復到危機前最佳的功能狀態；
- 指出並了解相關的促發事件；
- 指出家庭可以採取的補救方法或社區資源可以提供的部分；
- 在家庭目前的壓力情境與過去經驗間建立連結；

- 啟發家庭發展新的方法來覺察、思考、感受與調適壓力；以及
- 教導家庭成員有效的因應方式，以備未來壓力事件之用。

（Rapoport, 1962）

Roberts的危機介入方案：對受虐兒童的因應

案例

在兒童保護服務中心的辦公室，危機專線接到一通匿名通報電話，電話中報告說有家庭暴力相向，好像還因此忽略家中兒童，通報者同時也表示擔心兒童可能受到了虐待。他的通報指出，這個家庭的父親先前在本地的一家屋頂修繕公司工作，最近因為從屋頂上跌下來而失業了。通報者指出，公司「相信」這個父親所受的傷可能沒有辦法讓他再回到工作崗位上。過去三週，這個家庭已經發生過五次嚴重的爭吵，包括大吼大叫與肢體暴力的聲音。通報者表示對其中一次聽到的爭吵內容感到擔憂：「孩子已經三天沒有吃到像樣的食物了。」通報者談到孩子看起來很瘦，而且對於和鄰居的小孩玩耍顯得退縮。

第一階段　規劃並進行一份完整的心理社會和致命性評估

在此，就如同所有的危險情況，進行一份完整的心理社會與致命性評估是第一要務。依照通報虐待或忽視的時間而定，危機工作者可能會需要立即行動以確保兒童安全，或者可能選擇提供讓危機穩定的介入。對兒童的安全進行快速的評估是非常重要的，要在提出任何建議之前，完成完整的安全／風險與生物心理評估。

第二階段　從心理層面接觸並且快速地建立關係

在兒童虐待的情況中，重點會放在對兒童感受與所處環境的尊重和敏感度，危機工作者必須長時間地傾聽和觀察，「積極傾聽意味著聆聽所有潛在的、深層的、組織過的訊息，然後檢核你是否正確無誤地了解了這些訊息」（Puryear, 1979, pp. 51-52）。

積極傾聽給個案一個培養自己力量的機會。危機工作者根據個案確實具有動力的假設，從而在發展實際解決方案、以個案優勢為基礎發展工作、促進積極合作關係到建立個案自尊時，以一個夥伴的角色發揮功能。「危機工作者務必確認個案在第一次會談時感覺已經完成了一些有幫助的事，同時也要保證正在完成一些有用的事」（Puryear, 1979, p. 52）。合作關係將經由對個案展現的尊重與無條件的積極關注而增強。在兒童虐待案件中的危機工作者，應該要採用「人們基本上是良善的」這樣的參考架構。

第三階段　檢視問題的層面以定義問題

一旦危機工作者與家庭建立了默契，很重要的是把介入焦點放在檢視家庭成員如何看待目前的處境、情境因素如導致危機的連鎖事件，及引發連鎖事件的主要問題。討論內容會檢視危機是「如何」與「何時」出現的、引發事件的環境，以及家庭成員如何試圖因應這些挑戰、挫折、情緒與壓力情境。

第四階段　鼓勵對感覺和情緒的探索

允許家庭成員檢視與目前危機有關的感受與情緒，如生氣、挫折與其他逐漸浮現的感受是很重要的。介入的焦點應放在探索目前的感受與情緒，而非過去的諸多議題。保持家庭處在「此時此刻」將有助於行動計畫的發展，過去的危機和重複、無效的問題因應方式之間的關聯，可以等當下的危機被解決後再加以探索。

第五階段　探索並評估過去的因應嘗試

這一個階段並不是要說明發生了**什麼事**（what），而是**為什麼**（why）會發生的解釋，協助家庭成員決定有效的因應策略，才是家庭危機介入的核心。建立能被所有家庭成員接受的有效因應歷程，將提供朝向問題解決歷程前進的基礎。

第六階段　透過履行行動計畫來修復認知功能

在此階段，危機工作者要協助家庭發展並依據家庭選擇的優先順序，來執行短期及長期的期待、目標和行動步驟。在發展具體的行動計畫的過程中提供一個有架構的方法，可以產生一股動力與成功的感受。藉此，家庭也比較不會感到無助，而能有較多的控制感，更能讓成員專注在行動步驟上。為了確保順利，一開始的目標與行動步驟需要是簡單且容易達成的，而隨著家庭度過危機並朝向最適當的功能時，則應該增加其複雜性。

第七階段　追蹤

當家庭回到危機前的穩定程度時，治療介入就結束了。危機工作者要在回顧那些新學來解決危機事件的技巧的同時，用明確的語言整理到目前為止達到的進展。一個有效的總結歷程包含了檢視促發事件，以及對各個家庭成員的反應所做的詳細討論。要鼓勵家庭去檢視新學到的因應技巧，並提出具體的例子來說明未來可以如何應用。危機工作者要向家庭成員個別保證，目前的接觸與聯繫會維持下去。家庭也應和個案管理員預約幾次會談，並將特定的期望和目標列成概要，以便追蹤照顧。建立後續計畫並達成協議，將替未來的進展埋下種子（Roberts, 2005b; Slaikeu, 1990）。

第19章

受暴婦女的危機介入

每九秒鐘就會有一名婦女在美國的某個地方受到親密伴侶的攻擊或是虐待，婦女受傷的首要原因便是在家中遭到虐待（Roberts & Roberts, 2005, p. 4）。美國婦女遭毆打／親密伴侶暴力的終生盛行率估計為 25%。因此，它現在已被視為美國社會中一個普遍、嚴重的刑法與公共健康問題（Roberts, 2002）。

這個問題的影響範圍可以從近期的全國性統計一探究竟，其中指出「每年大約有八百萬名婦女在家中受到親密伴侶的虐待」（Roberts, 2002）。親密伴侶暴力對受暴婦女造成的傷害，比意外事件、搶劫、癌症死亡的加總人數還多。懷孕是受暴的風險因子：高達 37% 的婦產科病人在懷孕期間受到身體上的虐待。在所有的女性他殺案件中，有 60%與家庭暴力有關。家庭暴力的人力成本幾乎無法準確地估算出來。受暴婦女因曠職與身心障礙所產生的醫療帳單及薪資損失，就讓社會付出每年高達數十億美元的成本；兒童因目睹婚姻暴力而產生的長期健康與精神衛生成本更是無法預估。Carlson 和 McNutt（1998）的記錄顯示，在暴力家庭中成長的青少年，有 60%-75%會因為憂鬱症、焦慮性疾患、具有攻擊性與反社會行為、違法行為及暴力舉動而飽受煎熬。

家庭暴力的定義

婦女被毆打或是被親密伴侶虐待，指的是至少 18 歲的成年女性，受到親密伴侶蓄意虐待而在一段感情中成為受害者。最常見的身體施暴型態包含了摑掌、抓、推擠、推撞、拉扯頭髮、踢踹、掐住脖子、咬傷、撞擊頭部、用東西丟、皮帶鞭打，還有用球棒搥打。最嚴重的虐待通常牽涉武器，如刀子、汽車、球棒、槍械以及步槍。近期的研究指出，有 90%的配偶／伴侶虐待受害者是女性（Roberts, 1996）。

約會暴力指的是在約會關係中受到非自願的身體虐待和／或常態性的情緒虐待，虐待的行為包含了推擠、推撞、摑掌、用東西丟、揮拳、拉扯頭髮、踢踹、咬傷、用指甲抓、掐住脖子、撞擊頭部、皮帶鞭打、刀子攻擊、指甲刀或剪刀割人，及以重物攻擊（如：燈具、球棒或高爾夫球桿）（Roberts, 1996）。

Roberts的危機介入方案：對受暴婦女的因應

案例

Cynthia是 23 歲的女大學生，她與Ron已經交往大約一年的時間。剛開始的時候，Cynthia 發現 Ron 有一些控制慾，但接受了這是他特質的一部分。然而隨著關係進一步發展，Cynthia 發現自己處在一個日漸反覆無常與危險的處境。最近，Ron 從言語上的虐待變成身體上的虐待，在最近三次的事件中，Cynthia 已經被摑掌、踢踹與掐住脖子。

她正陷入一個漸漸孤立的處境之中，被禁止與任何朋友碰面，大部分時間都獨自在 Ron 的公寓裡。當 Cynthia 出門時，Ron 通常都緊跟在旁，因此，她尋求建議與幫助的能力嚴重受限於她和 Ron 的控制性關係。某天，Cynthia 與 Ron 去拜訪她的家庭醫生做年度健康檢查，並更新她的抗過敏藥物處方。在健康檢查的過程中，Cynthia 的醫生發現她的脖子上有被掐時才會產生的瘀傷，而且與腎臟附近的瘀傷一致。她的醫生和你聯絡，邀請你協助介入這個案子。你的時間有限，但是 Cynthia 很樂意跟你談話，並急著找到可以安全離開這段危險關係的可能方法。

第一階段　規劃並進行一份完整的心理社會和致命性評估

在任何危險的情況下，進行一份完整的心理社會與致命性評估乃是首要之務。由於時間有限，一份立即且快速的安全評估是非常重要的。危機工作者應該徹底討論採取立即行動所需要做的決定與決心。不同的案例有許多不同的做法，以這個案例而言，家庭暴力的存在與否已經毋庸置疑。在一些案例中，則需要很謹慎針對這個方面提問，同時用直接與間接的方式詢問有關家庭暴力的問題。間接詢問的例句有：

- 通常你會怎麼描述你們的關係？
- 你和伴侶會如何平息紛爭？

- 你在現在的關係裡感到安全嗎？

在一些案例中，要很審慎地直接指出家庭暴力的議題，特別是在有時間限制的介入條件下。適當的直接詢問方式會隨著個體的容忍程度有所不同，直接詢問的例句有：

- 在過去的一年中，你曾經有被打、踢踹、揮拳或是以其他方式傷害過嗎？如果有的話，是被誰？
- 你或你的伴侶是否曾經在爭執中使用肢體暴力？
- 你是否會對伴侶的言詞或行為感到害怕？

醫療照護人員在病患離開醫療機構前，詢問家庭暴力受害者是否安全是一件必要的事。實際上，醫療照護人員在國家法律的規範當中，必須通報虐待與忽視的狀況。討論病患立即的安全性可以讓受虐待的個案決定接下來怎麼做才是最好的。可以考慮詢問以下的問題：

- 你現在是否有立即的危險？（當病患回家後，他或她預期會發生什麼事？）
- 施暴者是否擁有或會使用武器？施暴者是否曾威脅要殺了你？
- 施暴者是否會對其他的家庭成員或寵物施暴？
- 施暴者是否有使用藥物或酒精？
- 你是否會使用藥物或酒精來因應這樣的情況？
- 你是否曾經想過嘗試自殺？

限制令或保護令是由法官簽署的法院命令，通常是用來禁止可能的施暴者接近受害者，在一些案例中，法院命令會特別限制施暴者與申請命令的受害者之間必須維持的距離。依照各州法律不同，限制令可能強制要求施暴的配偶／伴侶立即搬出同居的處所、禁止恐嚇威脅或是更進一步的虐待行為、為受害者與幼童給付贍養費用，和／或強制參加以終止暴力行為為目標的團體諮商課程（施暴的伴侶及受害者都可能會被強制要求出席與完成治療）。

第二階段　從心理層面接觸並且快速地建立關係

大部分的家庭暴力或是親密伴侶暴力的受害者，都會有困難去討論受暴的情境。以下是一些工作方法，有助於在不具威脅、尊重的氣氛中建立治療關係：

- 保持不批評與支持的氛圍。
- 注意任何可能會出現的文化影響。
- 讓病患清楚知道是哪些傷害特徵讓你相信他或她可能遭受過攻擊。舉例來說：「你臉上瘀青的形狀和拳頭的形狀相似，這讓我懷疑你是否被打了。」如果病患否認遭受虐待，就不要堅持，接受病患的回應。
- 應該提供教育病患的資料與海報。
- 告知病患家庭暴力並不必然只是身體上的，也有可能是情緒上以及性方面的。
- 有時候病患不願意收下資料，你或許可以用間接的方式提供資訊（如：「或許你認識的人會用得到。」）。
- 確實告知病患這些資訊是保密的，而醫療機構是一個討論這類問題的安全場所。
- 須提到在國家法律下，沒有人有權利去虐待任何一個人，也沒有任何一個人理當被虐待——身體上的虐待就是違法的。

要讓病患坦露受虐的情況是需要時間與信任的，要持續詢問並給予支持。

當病患表現出潛在的心理疾患症狀時，採取以下的步驟：

- 如果病患突然自殺或殺人，應先採取適當的保護行動，再進一步評估症狀。
- 考慮向心理健康／藥品健康單位諮詢或是轉介，讓病患知道憂鬱、焦慮與濫用藥品在長期壓力下是很常見的反應，如果無法在這次探訪時評估病患的精神症狀，那就在下次探訪時做進一步的評估。
- 一些低收入的受害者可能會不願意使用家庭暴力的資源或是家庭暴力庇護所。即使病患沒有潛在的心理疾患，但如果專業人員認為病患可能會比較願意接受的話，可以考慮將病患轉介給有興趣處理家庭暴力的心理健康專業人員。
- 在開止痛藥給那些出現經常性頭痛、胸部疼痛、骨盆疼痛、感覺麻痺與刺痛或是有恐慌症狀的人之前，先評估家庭暴力的可能。
- 病患可能會不願意接受追蹤轉介，而需要就家庭暴力與自身健康（如：其他的慢性疾病）的關聯做進一步的教育。請安排追蹤的訪問。

第三階段　檢視問題的層面以定義問題

在這個階段，病患不是承認就是否認家庭暴力在他們的生活中是個問題。病患也許會承認家庭暴力是過去經驗的一部分（例如：

過去的親密關係、父母親）。即使病患認為先前的狀況已經不再造成威脅，專業人員仍應肯定病患的感受，因為沒有人有權利虐待他或她。

在短期危機介入的情況中，檢視問題的所有面向是很重要的。如此一來，臨床工作者就可提供一個架構來建立介入方案。在檢視情境時，支持個體搜尋相關資訊是很重要的。當個體確認遭受家庭暴力時，應該立刻執行以下幾件事：

- 肯定病患的感受（例如：害怕、羞愧）。
- 支持病患不受傷害的權利。
- 告知進一步傷害的可能性。

如果病患親口證實了家庭暴力，專業人員應該以同理心理解病人的故事，並對病人正在受苦的現實提供溫和但堅定的聲明。專業人員應該要明確地陳述：

- 受暴的病患是常見的嚴重犯罪的受害者；
- 施暴者需要為違法的虐待行為負責；
- 受害者有權選擇如何因應虐待——受害者可以報警、去庇護所、聯繫律師、開始支持性照護，或是什麼都不做；
- 錯的是施暴者；以及
- 受害者值得接受他或她需要和／或想要的幫助。

第四階段　鼓勵對感覺和情緒的探索

在檢視情境時，支持個體搜尋相關資訊是很重要的。當確認個體遭受家庭暴力時，應該立刻執行以下幾件事：

- 肯定病患的感受（例如：害怕、羞愧）。
- 支持病患不受傷害的權利。
- 告知進一步傷害的可能性。

考慮到立即介入的時間限制特性，不做過多的感受與情緒探索是很重要的。個體需要獲得支持，並在這個過程將持續進行的前提下，被鼓勵去聚焦在一個觀點上：從受虐關係中復原，是一段旅程而非「急就章」。

「注入希望」是一個很重要的觀點。告知以及教育個體潛藏的選擇，可以讓他們感受到充分的賦權，但必須要同時小心地加以平衡，以維護立即安全的需求為最優先。

第五階段　探索並評估過去的因應嘗試

在家庭暴力的案例中，個體表現出既有的因應技巧。檢視有哪些因應機制發揮功能支持個體直到現在，是一個很重要的起點。立足在既有的因應技巧之上，可以在討論目前受虐的情況與建立未來行動計畫時，作為當下與未來工作的基礎。向個體再次保證他們有往下一個行動階段邁進所必要的技巧是很重要的，如果沒有專業與保護性的支持，個案不會往下一個行動階段前進。

第六階段　透過履行行動計畫來修復認知功能

在制定家庭暴力這類案例的行動計畫時，必須包括一套設想周密的逃脫計畫（escape plan）。因此，第六階段的第一部分是要先建立事件如何導致目前情況的共識，這需要小心地在親密伴侶虐待的相關資訊之間取得平衡，把焦點放在個體自行對於對和錯所下的定義，以及發生的事如何與他／她的生活目標產生衝突。

修復的工作要在提供個體資源以支持他／她從受虐的關係中離開後，才算完成。這可包含牽涉到法律強制執行的立即行動，到比較慢、比較需要仔細考慮的方式，需要隨著時間強化個體的安全後才算完成。也很重要的是，要記得將個體對情境所覺知到的危險性與突發性納入考慮。當事人終究是「什麼時候該離開這段關係」的最佳裁判。個人的覺知與專業人員的資源、技巧及介入的結合，將促成最成功的介入。

第七階段　追蹤

在建立與執行對家庭暴力情境的因應過程中，也同時建立了極為重要的情感關係。信任和風險是家暴介入中不可避免的一部分。確保追蹤以支持已經建立起的關係以及先前獲得的進展，是很重要的。此外，後續的追蹤接觸可預防當事人退回先前的虐待關係中，或建立一段反映過去虐待關係的新關係。追蹤計畫要視個別情況而定，並且要盡可能以多元領域或跨專業領域合作的方式持續照護當事人。

第 20 章

性虐待／侵害受害者的危機介入

性暴力（sexual violence, SV）指的是在非經雙方同意或自願的情況下發生的任何性活動。雖然任何人都可能暴露在性暴力的風險之中，但是主要的受害者還是女性，而犯下暴力行為的個體則多半是男性。除此之外，在大多數的案例中，犯下暴力行為的人都是受害者認識的人。很多時候，那個人會是朋友、鄰居、同事、家庭成員或同學。

對於今日演變迅速、科技趨向的青少年世代，認清性暴力事件也在不斷演變是很重要的一件事，有些類型，但不是所有類型的性暴力，會涉及受害者與相對人（傷害他人的人）之間的身體接觸。舉幾個由新科技助長的性暴力事件的例子，包括：性騷擾、威脅、恐嚇、偷窺，以及在受害者不知情的情況下拍攝裸照。在某些案例中，這些裸照被放在公開網站上。在美國，性暴力是日益嚴重的問題。

對美國高中生進行的調查發現，大約有 8%的人自述曾經被迫性交。女性（11%）自述被迫性交的比例比男性（4%）高（Centers for Disease Control and Prevention, 2006）。根據估計，在美國大約有20%-25%的女大學生，在就讀大學期間曾碰到強暴未遂或強暴（Fisher, Cullen, & Turner, 2000）。在美國，女性每六人中有一人、男性每三十三人中有一人，自述曾經在他們的生命中碰到強暴未遂或強暴（Tjaden & Thoennes, 2000）。

 性暴力的定義

性暴力是指任何強迫個體違反其自由意志而進行的性行為，這些行為可以是身體的、語言的或心理層面的。根據Basile和Saltzman（2006）的研究，性暴力有四種類型：

完全的性行為（a completed sex act）：其定義為陰莖與陰道或陰莖與肛門之間的接觸，包含即便輕微但仍涉及侵入性的動作；口部與陰莖、陰道或肛門間的接觸；或是他人以手、手指或其他物品侵入肛門或生殖器口。

意圖（但未遂）的性行為〔an attempted（but not completed）sex act〕。

不當性接觸（abusive sexual contact）：其定義為直接或是隔著衣物蓄意碰觸任何人的生殖器官、肛門、鼠蹊部、胸部、大腿內側或臀部。

非接觸性的性虐待（noncontact sexual abuse）：其定義為不涉及身體接觸的虐待。非接觸性的性虐待的例子包括：偷窺癖（voyeurism）、暴露狂（exhibitionism）、色情文化（pornography）、語言或行為上的性騷擾、性暴力的威脅，或拍攝他人的色情裸照。

性虐待（sexual abuse）的受害者會經驗到生理與心理的兩類症

狀，生理症狀如下：

- 同時經驗性虐待和身體虐待的女性，更容易感染性傳染病（Wingood, DiClemente, & Raj, 2000）。
- 每年有超過 32,000 人因強暴而懷孕（Holmes, Resnick, Kilpatrick, & Best, 1996）。

一些長期的後果包含（Jewkes, Sen, & Garcia-Moreno, 2002）：

- 慢性的骨盆疼痛
- 經前症候群
- 腸胃疾病
- 婦科疾病和懷孕併發症
- 偏頭痛和其他經常性頭痛
- 背部疼痛
- 面部疼痛
- 妨礙工作的各種障礙

立即的心理後果包含：

- 驚嚇
- 否認
- 害怕
- 困惑
- 焦慮
- 戒斷反應
- 罪惡感

- 緊張
- 無法信任他人
- 創傷後壓力疾患（PTSD）的症狀
- 情緒疏離
- 睡眠困擾
- 經驗閃現
- 反覆回想侵害事件

（Ackard & Neumark-Sztainer, 2002; CDC, 2008; Faravelli, Giugni, Salvatori, & Ricca, 2004; Felitti et al., 1998; Krakow et al., 2002; Ystgaard, Hestetun, Loeb, & Mehlum, 2004）

長期的心理後果包含：

- 憂鬱
- 自殺意圖或自殺行為
- 疏離
- 創傷後壓力疾患（PTSD）的症狀
- 不健康飲食的相關行為
- 絕食
- 嘔吐
- 濫用減肥藥物
- 暴食

Roberts的危機介入方案：對性侵害的因應

案例

Mary 在遭遇性侵害後，瘋狂地聯繫她最好的朋友。她的朋友急忙趕到公寓聽 Mary 訴說。她在參加派對時遇到一位之前見過面的男生，Mary 說他們和另外兩個認識的朋友一起在舉辦派對的大房子的一個房間裡喝酒，後來那兩位朋友離開房間去「拿食物」，突然間，只剩下 Mary 單獨與那個毛手毛腳的男生在房間。Mary 試圖口頭拒絕他的進一步要求，但是沒有用，於是 Mary 試圖用身體阻擋他的逼近，但仍然是白費力氣。就在這個時候，Mary 開始經驗到一陣強烈的情緒反應，包含哭泣和呼吸困難，接下來她開始覺得身體不舒服。Mary 掙扎著想該向誰說以及接下來該怎麼做。這個時候她說：「我連他姓什麼都不清楚，我要怎麼跟別人說？」Mary 一方面覺得這是她的錯，一方面又感覺到強烈的憤怒，這兩個想法拉扯著她。因為不知該如何是好，她最終同意讓朋友帶她到最近的急診室。

第一階段　規劃並進行一份完整的心理社會和致命性評估

一旦抵達急診室，Mary 會由掛號護士加以分流（triaged）。性暴力的案件通常會由一組跨專業的團隊來處理，其中並包含一名特別受過性侵害護理檢驗（Sexual Assault Nursing Examinations, SANE）訓練的護士、一名社工及醫師。由於性侵害的檢查很容易讓受害者再次受到創傷，因此，這裡的檢查經過設計，會將檢查過程中的創傷降到最低。SANE 護士都是有證照的護士，受過法醫檢驗和性侵害受害者相關的進階教育和臨床預備。SANE 護士的最終目標在於確保受害者不會在檢查過程中再次受到創傷，並且促進療癒歷程的進行。

第二階段　從心理層面接觸並且快速地建立關係

在開始檢查之前，這個團隊會和受害者見面，解釋檢查的過程，以及每一位在過程中扮演的角色。「SANE 護士計畫」的目標，是要由了解受害議題的醫療專業人員，持續地提供即時且富同情的緊急照護，以便加快檢查證據的歷程、減少在急診室的時間。在開始檢查之前，會讓受害者有機會去談論任何可能立即導致困擾的議題，然後護士和社工會一步一步地描述歷程，為受害者提供那些特別設計來減緩檢查相關顧慮的資訊。等受害者能夠口頭表達某種程度上的舒適與準備後，檢查的程序才會開始。

第三階段　檢視問題的層面以定義問題

這個階段的主要功能，是要提供關於性侵害受害者的客觀法醫評估。在檢查過程中，SANE 將會：

- 獲得與受害者有關的健康史和這次案件的相關資訊；
- 評估心理功能；
- 進行健康檢查和評估身體狀況；
- 採集和保存所有證據及可提供證明的文件；
- 採集尿液及血液樣本並送到指定的實驗室，以檢驗藥物是否為相關因素；

- 治療和／或轉介受害者接受醫藥治療；
- 提供受害者藥物，以預防性傳染疾病。

完成檢查後，社工師會和受害者面談，提供支持以及醫療和心靈照護、其他支持所需的轉介。

在跟 Mary 面談的時候，危機介入者必須小心協助消化事件，而不要讓受害者再次受到創傷。讓 Mary 在感到自在的程度裡發洩並描述事件，也就是以一種不帶評價及支持的方式協助她恢復並穩定認知功能。

第四階段　鼓勵對感覺和情緒的探索

危機介入者應該鼓勵感覺和情緒的探索，並藉著對個體提供支持和教育，再次聚焦在處境的正常化。危機介入者需要了解，隨著時間的推移，很多情緒以及關於這次侵害的想法和記憶都會浮現出來。在探索感覺和情緒的過程中，危機介入者會有機會教育受害者，他們對該事件可能會浮現的心理反應。分享這些可以讓受害者準備好去了解這些情緒是歷程的一部分，而不是一個新的問題。

第五階段　探索並評估過去的因應嘗試

這一個危機介入階段的功能，在於檢視受害者過去為了保持安全，而在因應時所做過的努力和所擁有的資源。危機介入者提供受害者機會，去檢視過去人生困境中所使用的因應技巧，這也可以提供介入者機會，讓他開始為個人定義支持的歷程。在這個案例中，受害者是從朋友那裡尋求協助，然而，有時候性侵害受害者不太願意分享這樣的訊息。鼓勵受害者考慮參加支持團體，並從中找出幾個可以向他們尋求協助的可靠成員。

第六階段　透過履行行動計畫來修復認知功能

一旦從支持團體中找到可靠的成員，就要建立一個與他們接觸的計畫。提供清楚的人員名單，並在明確的時間裡與他們聯絡。為了能在復原歷程中持續地提供支持和引導，探尋可以接洽的諮商師是讓行動計畫持續下去的一項關鍵要素。為了給予全天候的支持，可以提供強暴危機或受害者協助專線的電話讓個案撥打。支持並肯定受害者討論此議題以及尋求持續支持所做的努力。除此之外，要提供法律相關資訊，以從旁協助法律議題的相關決定。通報性侵害與否的決定是一件非常個人的事情，這個問題的正反兩面都有其道理，危機介入者的角色是在做這個非常個人的決定時，提供資訊和不帶評價的支持。

第七階段　追蹤

就像任何危機情境中，一個穩健的追蹤計畫會指名聯絡的對象、時間、地點和追蹤頻率，從而支持復原的歷程。在整個危機介入的過程中，提供真誠的同理，能在受害者和危機介入者之間建構一個特別的連結。危機介入者應該在受害者剛進入復原歷程時，盡可能地讓受害者獲得持續的支持。持續接觸和簡短的電話追蹤，將在一段時間以後影響性侵害受害者承諾追蹤的狀況。

第 21 章

心理疾病的危機介入：確認安全需求

在危機介入的領域當中，一個不可忽略的部分便是對於心理疾病的處遇。根據世界衛生組織（World Health Organization）、世界銀行（World Bank）及哈佛大學（Harvard University）的全球疾病負擔研究計畫（Global Burden of Disease Study）（1996），在權衡過所有計畫裡的疾病後，認為心理疾病是導致殘疾的首要原因（以損失的健康壽命來計算）（Murray & Lopez, 1996）。在已開發國家中，導致 15-44 歲期間健康壽命損失之十大主因為：

1. 重度憂鬱症
2. 酒精濫用
3. 交通意外事故
4. 精神分裂症
5. 自我傷害
6. 躁鬱症
7. 藥物濫用
8. 強迫症

9. 退化性關節炎
10. 暴力

心理疾患在美國或世界各地都很常見，據估計，每年約有26.2% 18歲以上的美國人身陷心理疾患的痛苦，而以2004年美國對居住人口普查的成年人數來換算，這個數字等於是5,770萬人。在我們的人口中，心理疾患雖然普遍，但是疾病的負擔主要集中於約6%的美國人口，也就是每十七人中有一人正遭受慢性且嚴重的心理疾病折磨。

重大心理疾患每年造成這個國家至少1,930億美元的薪資損失。直接成本如醫藥費、門診、住院費，都是相對容易估算的項目，但那只代表了一小部分由這些疾病對社會造成的經濟負擔；間接如薪資損失的成本比較可能說明龐大的支出，但它們很難界定與估計。然而，據估計，嚴重的心理疾患每年造成社會大約1,932億美元的薪資損失（Kessler et al., 2008）。

儘管心理疾病包羅萬象，社會上對心理健康議題的理解因為各種負面印象而遭到汙名化。由於心理疾患種類非常廣泛，所以我們也可以輕易理解大多數美國人的困惑程度。

通常會被心理衛生專業人員診斷出來的心理疾患，包括但不限於：

- 焦慮疾患
- 注意力缺陷過動疾患（ADHD、ADD）
- 泛自閉症障礙（廣泛性發展障礙）
- 兩極性失調症（躁鬱症）
- 邊緣性人格疾患

- 憂鬱症
- 飲食疾患
- 廣泛性焦慮症
- 強迫症（OCD）
- 恐慌症
- 創傷後壓力疾患（PTSD）
- 精神分裂症
- 社交畏懼症（社會焦慮疾患）

幸運的是，心理衛生專業人員受過訓練，能了解這些疾患之病程，同時也提供患者一個安全的環境。分流與評估的歷程是由第一線因應人員進行，他們又被稱為危機因應小組成員，受過訓練，能在危機中或緊急的狀況下評估病患（Yeager & Gregoire, 2005）。雖然理想中是評估（A）先於危機介入（C），但有時事與願違，在某些情況下，病患必須先被穩定下來並獲得支持（請參閱第 26 章的完整 ACT 模式）。

一旦蒐集了最初的資訊並盡可能地完成生物心理社會評估後，危機介入者必須評估適當程度的照護，來確保病患的安全。為了確保住院單位等環境的安全，可以用來辨識安全威脅是否需要採取立即行動的標準包括但不限於：

● 情境 1：DSM-IV-TR 之診斷，外加下列任何一項：

- 命令式幻覺並指示去傷害自己或他人
- 自殺／殺害他人的企圖
- 自殺／殺害他人的意念

- 具體計畫
- 非具體計畫
- 意圖／可能傷害他人

- **情境 2：DSM-IV-TR 之診斷以及相關症狀，並在過去 24 小時曾有物質濫用，外加下列任何一項：**
  - 在過去一年內有自殺意圖
  - 在過去六個月內有高致命性意圖之記錄
  - 目前拒絕透露計畫
  - 自殘且強度有不斷增加的趨勢
  - 不願配合精神藥物治療，且症狀有日漸嚴重的趨勢
  - 出現一共病的疾患

（Roberts & Yeager, 2005b, p. 42）

可能不需要辦理住院手續的潛在風險狀況，包括但不限於：

- **情境 1：DSM-IV-TR 之診斷以及相關症狀，並在過去 24 小時曾有物質濫用，外加下列任何一項：**
  - 身體症狀
  - 行為症狀
  - 心理症狀

- **情境 2：自殺／殺害他人的意念，外加下列任何一項：**
  - 非具體計畫

- 拒絕透露計畫
- 過去一年內有高致命性意圖之記錄
- 在過去 24 小時內曾有藥物濫用，以及毒性篩檢呈陽性
- 物質依賴且無戒毒之可能性
- 病況突發／命危但有可接受的病理數據／醫療穩定度
- 目前有自殘的行為

在其他情境下，須判斷：

- 重度身心障礙（住院治療）
- 中度身心障礙（不定期住院治療）
- 輕度身心障礙（門診治療）

決定最適合的照護層級，以提供最理想的安全和支持（Roberts & Yeager, 2005b, p. 42）。

 重度住院標準的舉例

參考下列的因素來確認安全需求：

❖ 整體功能評估（Global Assessment of Functioning, GAF）低於 30 ❖

- 無法／拒絕完成治療
- 過去三年內有住院史
- 預期不會配合藥物治療

❖ 日常生活功能 (Activities of Daily Living, ADLs) ❖

- 行動不便
- 無法管理個人衛生
- 無法自行進食
- 無法進行日常事務與活動

❖ 人際關係 ❖

- 社交退縮
- 無法口語表達
- 不適當的性行為／虐待
- 肢體虐待
- 結束了重要關係
- 限制令／家庭糾紛史

❖ 角色表現 ❖

- 工作缺席超過五天，上學缺席超過十天
- 暫停／終止／辭掉工作
- 自雇而無法維持生意
- 無法照顧／忽略需撫養的幼兒／長者
- 使幼兒／長者暴露於肢體／性虐待
- 被法庭裁定搬出目前的居所

❖ 支持系統 ❖

- 無法得到

- 無法保證安全
- 蓄意破壞治療
- 持續與虐待的加害者接觸

Roberts的危機介入方案：對嚴重心理疾病的因應

案例

大約凌晨三點時，警察在街上發現了Sylvia，因為附近鄰居抱怨有女人大聲尖叫、好像在跟某個不知道在不在場的人爭論。當警察抵達時，Sylvia 顯然已經喝醉了，她要不是跟人打了架，就是摔倒了好幾次，因為她的額頭在流血、兩隻手臂都有割痕、裙子撕破了、露出她的左胸，而且她顯然不知道自己身在何處。Sylvia 無法提供充分的資訊，好讓執法人員找出一個對眼前問題可以令人滿意的解決辦法，於是她被護送至最近的急診室做心理健康評估。

第一階段　規劃並進行一份完整的心理社會和致命性評估

在實施最初的心理社會評估與致命性評估時，Sylvia 顯然很迷惘，展現急切而有壓力的談話方式，她似乎正在經驗某種幻覺，但否認自己出現任何幻聽。回顧她的醫療記錄顯示，她曾在過去一年內因嚴重的企圖自殺而住院，她有一長串在社區心理衛生中心的心理治療史。此外，她對於既定的治療計畫和藥物，有超乎尋常的不配合史。

第二階段　從心理層面接觸並且快速地建立關係

在急診部門，危機介入者試圖藉由一些直接的提問來建立合作默契，並挖掘和 Sylvia 當下情況有關的資訊。然而，她既不願意與介入者接觸，也不願意合作。她出現更多焦慮與妄想的徵兆，並拒絕食用供應的食物。不過，隨著時間過去，她變得比較清醒之後，便可以溝通她的需求。一開始，她否認有自殺的意念，但會說一些模糊的話，可能與自我傷害有關。她似乎對危機介入者的短暫討論有所反應，而且願意忍受短暫的質問，因此，介入者重複了幾回合的短暫質問，直到完成評估。

第三階段　檢視問題的層面以定義問題

Sylvia 似乎有很長的心理疾病史，她幾乎沒有社會支持，而且有非比尋常的治療史和不配合史，往往是和她物質濫用發作有所關聯。以優勢面來看，她曾經和社區心理衛生中心接觸，而且可以在中心裡一次停留幾個月。雖然她的社會支持系統薄弱，但在穩定的時候，她會比較努力和社區心理衛生中心保持接觸。

第四階段　鼓勵對感覺和情緒的探索

對於出現妄想或幻覺的嚴重心理疾病個案，在探索情緒與感覺時應該謹慎為之。在這個案例中，情緒與感覺的探索喚起了非現實的憤怒、尖叫、詛咒，也整體性地增加躁動的程度，因此，危機介入專家開始探索病人過去的因應嘗試。

第五階段　探索並評估過去的因應嘗試

Sylvia提到她與Smith醫生工作時的成效最好，然而，自從這個醫生在幾年前退休後，她就無法跟心理衛生體系裡的任何人好好工作。她描述說她最長時期的穩定狀態，是她在一個中途之家治療物質濫用後的三年時間，她不太願意考慮重來一次這樣的經驗，但不排除短暫停留在勒戒單位的可能性。當考慮到藥物治療的配合度時，Sylvia 說「我討厭吃藥」，於是介入者建議她嘗試注射性的藥物，起初她出現反彈，但稍後開始問一些問題，如：「這東西有什麼效果？」「我多久必須要注射一次？」Sylvia 說她有三個常「混在一起」的朋友，但暗示其中一人會是個問題，因為她跟這人在一起時老是喝酒。

第六階段　透過履行行動計畫來修復認知功能

經過了 23 小時的觀察，Sylvia似乎沒有什麼能夠支持她的復原歷程，她的支持系統經常無法出現，而且不能確保她的安全，她很難扮演她在社群裡的角色，而且目前處於失業中，使她更缺乏支持。她可能身在一段虐待性的關係裡。當她喝酒嗑藥時，她就會有照顧自己的能力問題。基於這些症狀群，Sylvia 和危機介入者同意住院 3-5 天來穩定情況，並在需要的時候進行勒戒。危機介入者和當地的醫院接觸並完成轉介的安排。

第七階段　追蹤

當 Sylvia 被轉移到住院病房後，追蹤的工作變成是將她個人優勢與弱點的相關資訊交棒給掛號護士及社工，也要跟 Sylvia 在社區心理衛生中心的個案管理員溝通，以確保她知道Sylvia的住院情形。通知適當的緊急聯絡人，以確保家庭成員知道這個轉介入院的消息。在出院的時候，危機介入者提供了支持與鼓勵的話語。在 Sylvia 住院第三天，危機介入者收到通知，說 Sylvia 已經順利完成了勒戒程序，並且想要和危機介入者見面。他們進行了一次短暫的會議來檢視 Sylvia 接下來的照護計畫。

第22章

人類免疫缺陷病毒陽性反應者的危機介入

最新的估計指出，在2003年末的人類免疫缺陷病毒（HIV）盛行率（罹患HIV的總人數）大約為100萬人（估計範圍在1,039,000-1,185,000人之間）（CDC, 2008）。大約有四分之一（24%-27%）感染了HIV的患者不知道自己的感染情況，因此突顯了擴大HIV檢驗機會的需求。

大抵而言，AIDS病例與死亡的估計人數在2002-2005年間維持穩定的趨勢，且估計AIDS病例數在2006年仍會維持穩定，但死亡人數則減少，不過，現在要論斷這些趨勢是否能夠維持還言之過早（CDC, 2008）。

種族本身不是感染HIV的危險因子，但研究顯示，非裔美國人與西班牙裔／拉丁美洲人比起白種人，在HIV的感染風險上面對更多樣的挑戰。這些挑戰包含高比率的性傳染病，促進了HIV的傳染；物質濫用，可能會透過性行為或是藥物相關的傳染而增加HIV感染風險；以及社經因素，如：難以取得高品質的健康照護（CDC, 2007; Fleming & Wasserheit, 1999）。

為了致力於穩定危機時刻，危機介入者需要了解的，不只是HIV陽性反應者的情緒與社會後果，也包括其生理後果。

HIV 的危機在做出這個威脅生命的疾病診斷時已然開始，並且從此刻持續進展。HIV的病程發展中有幾個階段，都會使人因為HIV診斷所帶來的失衡狀態而可能需要危機介入，這些階段為：

- 診斷
- HIV 揭露階段
- 免疫系統的惡化
- 開始進行抗反轉錄病毒療法（antiretroviral therapy）
- 申請殘障手冊和／或離職

持續的混亂再伴隨著在病程中的任何上述項目時，就會導致一些事件，促成情境上、發展上和社交上的狀況，而使個體已經出現的既有危機狀態更加惡化。雖然HIV陽性的人確實要面對非常多的挑戰，但是特定心理疾病和 HIV 的相關資訊則是混雜的。

 對診斷的反應

尋求HIV檢驗的原因是非常廣泛且多樣的，不過，有一個共同因素是大多數人相信在某種程度上有檢驗的需要。雖然懷疑的程度可能會從偶爾懷疑到相信他們如果接受檢驗一定會被驗出 HIV，但是在得知結果時，陽性反應的確認仍會造成震驚或無力承受的反應。長期的負面反應包括憂鬱、藥物濫用急遽增加，還有意圖自殺，顯示被診斷出陽性反應的人需要在揭露HIV診斷時，以及之後的時期都持續獲得支持。

HIV 與憂鬱

Rabkin 等人（1997）發現，感染了 HIV 的男性並不會隨著病程變得更加憂鬱。這個發現和負面生活事件與憂鬱的關係研究結果一致。Kendler 和其同事（1995）曾指出，HIV 與憂鬱症的關係是非常複雜的，而且會由基因體質加以調整。在這個方面，像 Klerman（1979）等研究人員曾建議檢驗不同的變項，如早期生活經驗、人格特質、因應風格與社會支持。先前的研究普遍指出，負面生活事件和許多疾病之間通常沒有什麼關聯性（Rabkin & Struening, 1976）。看起來比較有可能的是，隨著我們對 HIV 與憂鬱症的知識漸豐，研究者對於生活壓力與心情的關係也將超越簡單的因果關係。雖然還沒有確定的答案，但目前研究者正在檢視 HIV 中憂鬱症高風險的族群——貧窮的人、物質濫用者與女性，並且正在調查 HIV 病程會如何影響這些病前因子。

HIV 和物質濫用疾患

物質濫用疾患包括對酗酒、古柯鹼與鴉片等物質的依賴，常見於感染 HIV 的病患；物質濫用未經治療會導致 HIV 治療成效不彰。就感染 HIV 人口所做的研究顯示，22%-60%的患者有酗酒問題或是酒精使用疾患，酒精濫用或依賴的比率為 12%-41%，酒精濫用對 HIV 疾病與治療會造成數種負面效果（Cook et al., 2001; Petry, 1999; Phillips, Freedberg, Traphagen, Horton, & Samet, 2001）。體外研究指出，HIV 病毒暴露在酒精下會提高複製速度，而且使用酒精會使一系列的體內免疫調節因子（endogenous immunomodulators）作用下降，使用更多的藥物跟酒精會使 HIV 相關的心理社會壓力源惡化。雖然這可能不是 HIV 族群會優先考慮的事情，但同時接受藥物治療處理物質濫用疾患是有其必要的。如果物質濫用或精神疾患沒有在一開始發現時就加以處理，那不只會破壞藥物治療，同時也會傷害個案和助人者之間的關係。

 Roberts 的危機介入方案：對 HIV 患者的因應

案例

32 歲的 James 最近剛得知 HIV 診斷結果為陽性，James 一開始的反應是覺得不悅、害怕、挫折、生氣和哀傷。自從診斷之後，James 變得越來越孤立與疏離。他拒絕配合醫師門診，而且嗜酒的程度越來越嚴重。最近，當他喝到爛醉時，會打電話給他所有的朋友，語帶模糊地說有自殺的念頭。有三個朋友曾探訪他，並將他帶到當地的心理衛生中心。他在留院觀察區待了 24 小時，當 James 的血中酒精濃度下降，不再出現中毒徵狀時，他就不再想要自殺。事實上，他還完成了幾份紙筆測驗，結果顯示他沒有憂鬱症。James 指出，他有越來越嚴重的物質濫用，同時也有孤立的感覺，而且對於他的診斷正處於危機狀態，不知道接下來該怎麼做。

第一階段　規劃並進行一份完整的心理社會和致命性評估

在這個案例中，心理健康機構的人員完成了致命性評估，結果顯示，James 在沒有喝酒用藥時的自我傷害危險性不高，但如果又繼續喝酒也還是有風險的；而在沒有盡力完成物質濫用疾患的協同教育與治療的情況下，他也很可能持續酒精濫用。然而，剛診斷為 HIV 的患者通常不會有自殺和他殺的反應，相反地，比較常見的是強烈的求生慾望。因此，評估的過程會主要聚焦在疾病的心理社會層面和治療默契的建立，藉此，危機介入者可以訂立一套可行的方案來定義問題，並規劃一個持續性的治療計畫。

第二階段　從心理層面接觸並且快速地建立關係

在建立治療關係時，不帶批判性的反應是必要的。很重要的是，危機介入者必須了解 HIV 陽性診斷常常是被汙名化的。除了不帶批判性的態度，其他的工具還有：理解語言及非語言溝通的能力、真誠、客觀以及幽默感。大部分 HIV 陽性的患者會公開並自在地討論他們的病情。充分運用這些討論並培養治療關係是危機介入者的責任。

第三階段　檢視問題的層面以定義問題

危機工作者與 HIV 族群之間的主要問題，是要抵抗「被這個危機吸引」的衝動，因為死亡在社會中被視為必然的負面結果，所以大部分的人很難不將死亡視為危機。由於 HIV 陽性患者的族群中仍具有異質性，實務工作者應善用每次的機會去了解其服務對象的文化與習俗，並從這些文化現象及偏好發展出介入方案。並非所有的文化都把發展階段或生活事件放在同等重要的位置，所以從個體的文化和知覺觀念脈絡去考慮危機是很重要的，才能繞著個體的喜好去量身打造後續計畫。

第四階段　鼓勵對感覺和情緒的探索

時常和HIV診斷連在一起的普遍感受為：

- 羞恥
- 背叛
- 憤怒
- 失落
- 恐懼
- 內疚

很重要的是，要記得從認知理論的角度來和HIV陽性的患者探索感受和情緒。也就是說，情緒是被認知所驅動的，因此危機介入的一個主要目標是要提供訊息去導正被扭曲的概念，並對促發事件提供更佳的理解。臨床工作者必須了解個體的觀點，耐心聽他或她慢慢道出信念、覺知、感受和情緒。在肯定這些感受與情緒的同時，最好將下列幾點納入考慮：

- 個體情緒與認知的發展程度
- 疾病的階段
- 在家庭或支持系統中的位置
- 文化現象
- 過去有效的策略

第五階段 探索並評估過去的因應嘗試

此階段讓危機介入者去探索個案過去的因應嘗試，理解過去有效的策略將提供未來可能成功的方向。在HIV族群的案例中，尋求積極的角色來協助個體辨識優勢，對於找出可以採取的行動步驟是極為有效的。探索個案的技能、完成工作的能力、嗜好和支持他的人，將使其未來行為計畫的發展更為有跡可循。

第六階段 透過履行行動計畫來修復認知功能

發展行動計畫時，需要把目前蒐集到的所有訊息都考慮進去，寫下特定期待、目標和方法，對於計畫的正式開展是很有幫助的。在發展一份有效的治療計畫時，臨床工作者將需要擔負起積極的角色。個案可能會經驗到失衡，因此無法充分發揮能力，然而，讓患者投入高度的努力，以發展出一個可完成、可測量也可理解的計畫是很重要的。簡單的任務像是每天打三通電話來避免孤立、取得一個多天多時段的藥盒將有助於配合服藥，還有建立一個患者可以遵循的行事曆，這些都是不錯的開始。此外，還必須涵蓋各方面的評估。對於這個案例來說，持續評估憂鬱和自殺風險，以及與物質濫用治療的關聯，將是讓治療方案成功的關鍵要素。

第七階段 追蹤

最後一步是要建立某種形式的追蹤。一系列的會面、追蹤聯繫、作業和任務都是追蹤程序中很重要的面向。一定要和個案溝通這些計畫，確保所有的轉介機構都取得這些資料，並且確認計畫已經清楚地和個案與其支持系統溝通過了。

第 23 章

摯愛過世後的危機介入

失喪

失喪（bereavement，亦譯為喪親）一詞，與所愛的人如父母親、配偶、孩子或是摯友過世後，個體的認知、情緒和行為反應有關。失喪的傷痛普遍會發生在一般大眾身上，但更常發生在年長者身上。對大於 80 歲的長者來說，失去摯愛的配偶是很常見的經驗。在結婚數十年後配偶死亡，是極具挑戰性且困難的人生經驗。許多長者會隨著時間經歷其他喪親經驗，如失去手足和好友。

哀傷

哀傷（grief，亦譯為悲傷）一詞指的是失去所愛的人之後的心理反應，它是一個包含了反應、思緒、行為和情緒的複雜歷程，與在非理想的情況下和所愛的人分離有關。這些情況可能是長時間疾病纏身、與慢性疾病奮鬥，而且健康及幸福最終完全瓦解。哀傷最好是從每個個體與他人關聯的自我概念架構去理解，它可能有部分或完全地由人際關係所界定。通常，失去長年伴侶可能會驅動人突然去重新定義自我。在極端的例子中，個體有可能會完全失去自我和生存的意願。

在進入喪親與哀傷危機介入的討論前，我們將探討危機理論和哀傷理論的學理基礎。Rueben Hill（1949）曾提出一個適應危機情境的 ABCX 模式，包含：(A)客觀的事件；(B)個人、家庭和社區中可用於處理該事件的資源；(C)受害者的詮釋或評價；會影響到(X)危機經驗程度的評估。隨後，其他的作者也定義了哀傷經驗的特定面向。

在 1969 年，精神科醫師 Elisabeth Kübler-Ross 介紹了後人所謂的「五大哀傷階段」（five stages of grief）。這些階段代表了那些面對死亡的人們的感受；現在許多人用這些階段來解釋個體經驗的重大失落，包括失去所愛。Kübler-Ross 提出的五大哀傷階段為：

- 否認：「這不可能發生在我身上。」
- 憤怒：「這件事為什麼會發生？是誰的錯？」
- 討價還價：「如果可以不要發生，我願意以____作為回報。」
- 憂鬱：「我太哀傷了以至於做不了任何事。」
- 接受：「我能夠平靜看待將要發生或已經發生的事。」

需特別注意的是，Kübler-Ross 並沒有試圖把這些階段當成是一個固定套用在每個經歷哀悼歷程的個體身上的架構。Parad 和 Parad（1990）把危機聚焦成一種失衡的狀態，一個日常模式或功能的中斷或崩解。在危機事件中的不平衡會和近期的事件密切相連。雖然觀察者會以客觀的角度來看待事件，但是受害者也許會主觀地看待或評估跟事件有關的痛苦和不適。在相似的脈絡下，Roberts（2005c）視危機為一段被經驗為危險情境的心理失衡時期，這個危機事件代表了個體不能用過去熟悉的因應策略去解決的一個重大問題。當個體面對這個難以超越的情境，又不能以過去發展建立的因應技巧去解決這個情境時，危機就發生了。Fleming 和 Belanger（2002, p. 311）談到創傷和哀傷之間的關聯：「為創傷學和生死學領域間這個相當不自然的落差搭起橋樑的呼聲已起。」為此，Fleming 和 Belanger 找出創傷經驗和失落經驗的相似之處。危機和哀傷的時間軸觀念是 Humphrey 和 Zimpfer（1996）以及 Wortman、Cohen-Silver 和 Kesler（1993）的工作重點。雖然時間軸的概念對我們理解哀傷的過程帶來很大的貢獻，但 Archer（1999）則指出哀傷和失喪有其非線性的面向。

哀傷應該被視為一個隨時間以不同階段發生的過程。對失落的最初反應包括和失落相關的震驚和麻木。這個反應經常會緊隨在一段為了與失去的關係保持連結所做的渴望和努力之後，可能會有一些時間的混亂、絕望以及跟家庭和朋友的疏遠。隨著時間的推移，這個反應會逐漸消失，轉為思考歷程的重組、對失落的覺知，以及社交活動和社會功能的逐漸恢復。這段歷程所花的時間會隨著每個個體對於失落和相關情境的反應，而有很大的差異。

在我們今日的社會中，有一些人會假設哀傷的過程應該是強烈而短暫的，但事情並非總是如此。正常的哀傷歷程會持續 1-4 年。某些方面的哀傷可能會持續一輩子，這展現了失落的正向意義，因為失落可以為自我的持續構思和重新定義，提供一些意義和養分。

外在資源的支持對於減輕哀傷所帶來的影響有很大的幫助。應該鼓勵為哀傷所苦的人去和一些人討論感覺和想法：

- 家人
- 朋友
- 教會或信仰團體
- 支持團體
- 專業治療師或其他助人專業工作者

 異常的失喪和哀傷歷程

異常的失喪和哀傷歷程被定義為：個體失去摯愛而在日常生活上產生重大負面影響時所出現的不良調適反應。有問題的失喪和哀傷歷程有以下徵兆：

- 很難承認摯愛的死亡；
- 每天或幾乎每天早晨都因失去摯愛而難過；
- 幾乎每日思念失去的摯愛，持續超過六個月並導致日常活動的中斷；
- 長時間努力避免想起死者（避開其房間、地點、人們或活動）；
- 因失去摯愛而失去樂趣（anhedonia）；
- 激躁型憂鬱症狀（agitated depressive symptoms）；
- 如果有人質疑個人對失落的因應時，會對他人感到憤怒、躁動和敵意；
- 過度投入活動以避免或延遲哀傷歷程；
- 無法正確判斷財務、健康狀態和個人的人際關係；
- 發展出身心症狀，像是無法對應到實際身體問題或疾病的頭痛或痠痛、疼痛。

哀傷有時會轉化成憂鬱。美國精神醫學會（American Psychiatric Association）指出，正常的哀傷不一定需要使用抗憂鬱劑，雖然用藥可以減輕某些哀傷症狀，但沒辦法治療哀傷的原因——「失落」本身。不過，使用抗憂鬱劑可能有助於改善上述的混亂跟衰退表現。目前最好的實務做法認為，治療哀傷歷程併發憂鬱症的最佳方式，多半還是心理治療配合抗憂鬱症藥物。哀傷歷程併發憂鬱症的徵兆跟症狀如下：

- 強烈的罪惡感；
- 幾乎對所有的活動失去興趣，並持續超過兩週的時間；
- 失眠或嗜睡持續超過兩週；
- 明顯的體重減輕或增加；
- 困惑或思緒紊亂；
- 無價值感；
- 緩慢的說話方式和肢體活動；
- 在工作、家庭和／或學校失去功能；
- 有自殺的想法或專注於死亡。

Roberts 的危機介入方案：對哀傷的因應

案例

Sara在她先生突然且毫無預期的心臟病發作過世後，出現在你的辦公室。Sara表明在事件後感到極大的痛楚，她提到已失眠一段時間，隨後還連著好幾天失去興趣和活力。Sara提到自己最近「每天花大部分的時間坐在沙發上，開著電視但沒有真的在看電視，就只是坐在那裡。」她提到她幾乎對所有的日常活動失去興趣，而且在過去三個星期中體重減輕了十二磅。她說她經常想起先生，然後就會有好長一段時間感到悲傷。Sara表示她已經有十天沒有去開信箱，而且很確定會因為沒有準時繳交信用卡費而遭罰款；她指出自己就是沒有活力或心思去管理她的日常生活。Sara提到：「我的生活就像在慢動作進行著，但當我試著睡覺的時候，我的心思卻在奔馳…… 我就是不明白？」Sara 表示她有兩個小孩和許多向她伸出援手的朋友；然而，她到目前為止都不願意向她的同儕團體尋求支持。

第一階段　規劃並進行一份完整的心理社會和致命性評估

在這個案例中，有鑑於Sara呈現的問題性質，進行致命性的評估是有其必要，但並無緊迫性。晤談顯示自我傷害的風險相關顧慮微乎其微；然而，在進行漢密爾頓憂鬱量表（Hamilton Depression Scale）後，Sara的分數結果顯示有中度憂鬱。心理社會支持的探索結果顯示，Sara 有一些潛在的支持者會很樂意幫助她，但她目前還不願意主動跟他們求助。Sara 願意考慮服用抗憂鬱的藥物和尋求諮商，而就她呈現的問題來說，這兩者都是很適當的。

第二階段　從心理層面接觸並且快速地建立關係

在和Sara工作時，會很適合使用結合優勢力量和解決焦點的觀點。檢視她的優勢力量將會提供她很需要的自我支持方法，去處理和修通這個哀傷的過程。探索她與已故先生一起度過的時光是一個實際可行的起點。探索她如何處理困難的生命經驗，可以了解過去她面對危機狀況時的有效方法，進而幫忙建構治療的計畫。

第三階段　檢視問題的層面以定義問題

檢驗Sara目前呈現的問題，顯示出她孤立自己的傾向會加重她喪親的相關症狀。和Sara一起合作檢視社群中的潛在支持，包括家庭成員、朋友和她的社區，好提供更多她需要的互動是一關鍵因素。建立支持與社會互動，是協助Sara度過哀傷歷程的重要步驟。

第四階段　鼓勵對感覺和情緒的探索

在哀傷工作中，探索感覺和情緒，以及就失落、受傷和孤單的情緒和感覺所花的時間都是很重要的因素。在這個案例中，讓Sara成為一個專家，去追溯自己花在思念已逝摯愛的時間，是很重要的因應工具。停留在失去的痛苦是正常的，但經常導致不必要的過度痛苦。簡單地指出Sara花在哀傷思考上的時間，會提供一個架構讓她去檢視這段哀傷的過程。藉由這個技巧的訓練，臨床工作者能夠對Sara的想法保持支持的態度，並同時提供一個架構來檢視她在哀傷歷程中遺失的時間。這個工具將讓Sara容許自己在哀傷歷程和痛苦中得到她很需要的休息。

第五階段　探索並評估過去的因應嘗試

和經驗著複雜哀傷歷程的人工作時，以過去曾嘗試過的因應為基礎是很重要的。在絕大多數的案例中，個體具有可用於提升其復原的因應技巧。舉例而言，探索過去因應問題的過程，有助於去洞察問題該如何解決，以及可供運用的潛在因應技巧，以幫忙走過哀傷歷程。如果個體展現了表達需要或幫助別人的能力，將這些因應機制套用到哀傷歷程中。如果 Sara 說她能夠安排活動，就請她去動員身邊的人為她提供度過哀傷歷程所需的一切。由於她有困難去尋求幫助，所以可以假設她將那視為一種弱點。然而，教導她身邊的人什麼是她需要的，將可為定義需求提供一個極為有用的管道。

第六階段　透過履行行動計畫來修復認知功能

長時間實施因應技巧，將可以透過行動和逐漸增加的社交互動來給予個案支持。隨著個體持續哀傷的歷程，透過對個體的支持追蹤其進展是極為重要的。向個案說明正常的起起伏伏是可以預見的。當事情變得比較好時，給予鼓勵，而在艱難的時刻，挑戰常見的誤解。病人經常會認為正常悲傷的過程，例如：哭泣、難過和因哀傷產生的生理反應，代表了失敗或是退步。告知這些過程以及每次的哀傷工作都是很個人的，每個人經驗到的時間和成長都不一樣。實施行動計畫和追蹤進展，將為認知功能恢復提供一個架構。

第七階段　追蹤

哀傷歷程中的追蹤將會隨著時間發生。慢慢地將個體朝以社區為基礎的支持系統推進，將為個體提供最容易取得的支持系統。經過一段時間之後，推動個體去建立自我選擇的因應技巧，將可以帶出最顯著的進步。透過和其他專業人士、社區和有組織的支持團體及支持系統間的聯繫，來持續支持個案，這些都是在失喪和哀傷歷程中進行追蹤時很重要的面向。

第 24 章

校園暴力後對孩童的危機介入

從小學開始到高等教育學校的所有層級學校，在發展危機事件因應方案的需求上備受關注。當悲劇襲擊校園，學生和社群都會因為失去生命或其他形式的破壞而受到影響，範圍小自因為疾病、車禍、住宅火災、自然災害造成生命的損失，大到以家庭或社區為基礎的複雜暴力案件，包括凶殺案，都屬校園危機的範疇。最後，校園危機已經進展成在學校內的暴力和殺人事件。在 1991 年，「學校危機因應計畫」（School Crisis Response Initiative）的發展，就是要探究學校該如何對危機做出最好的準備。這個組織團體由教育、兒童醫學、心理學、社會工作和警界等各領域代表所組成，具有三個基本目標：

- 發展出一個有系統的組織流程；
- 提供必要的訓練，以幫助學校行政管理人員能準備好去提供服務；以及
- 提升學校與社區心理衛生中心和社會服務專業人員間的合作關

係（Chemtob, Nakashima, & Carlson, 2002; Lichtenstein, Schonfeld, Kline, & Speese-Linehan, 1995; Schonfeld, Kline, & Members of the Crisis Intervention Committee, 1994）。

很重要的是要注意，並不是所有受危機影響的學童都會需要或會從團隊因應中受益，一般來說，涉及隱私和保密問題的情況，例如：孩子在家中被虐待，除非已經有很多人知道這些事情了，而且造成學校社群中諸多成員的注意，否則最好由協助學生的團隊加以處理。涉及為數眾多的學生或學校教職員工，且通常可以從因應團隊獲益的危機包含：失落和哀傷（例如：學生或教職員工的死亡）、對個人安全的明顯威脅（例如：學校巴士意外、綁架或火災）、環境危機（例如：颶風、附近道路發生化學藥品外漏，或者學校內瓦斯外洩）、對情緒福祉的明顯威脅（例如：炸彈恐嚇、仇恨犯罪，或者公然揭發有不當性行為的教職員或學生）（Brent, Erkind, & Carr, 1992; Davidson, Rosenberg, Mercy, Franklin, & Simmons, 1989; Kline, Schonfeld, & Lichenstein, 1995; Schonfeld, 1989; Schonfeld et al., 1994）。

針對校園危機情境所做的計畫，需要選擇學校和社區內最適當的人員，好在危機爆發時完成特定的任務。記住，在發生危機的時候，時間是個關鍵要素，而教職員必須準備好共同致力於最可能有效的因應方式（參照表 24.1）。

表 24.1　危機團隊成員的角色

主席	主持所有的危機團隊會議，監督團隊及其成員的特定運作情況。
副主席	協助主席所有的職務，並在主席無法參與時代替他。
諮商服務專員	依照特定的危機狀況，來決定諮商服務的性質和範圍，並（和相對應的地區團隊一起）依照需要動員社區資源，監督諮商服務工作者的訓練和督導，找出並保持與社區資源的後續溝通。
媒體發言人	作為回應所有媒體詢問的唯一聯絡人（和相對應的地區團隊一起）。依照狀況準備一份簡短的新聞稿，並和其他團隊成員合作，對教職人員、學生和家長做適當的陳述布達。
內部溝通專員	監督所有內部直接進行的溝通。過濾與危機相關的來電。幫助教職員通知專員，以及協助維護社區資源和地方當局工作人員的正確電話資料。
群眾管理專員	和當地警方與消防局合作，計畫各種潛在危機事件發生時的群眾管理機制，以及在事件發生、啟動計畫時，直接監督學生和教職員的動向。群眾控制計畫一定要包括以實物標示封鎖區域，並將學生與教職員聚集起來方便告示的相關安排，在事件實際威脅學生人身安全時，確保學生安全且有組織地移動，以便將傷害的風險降到最低。

資料來源：School Crisis Intervention, Crisis Prevention, and Response (2005). In A. R. Roberts (Ed.), *Crisis intervention handbook* (p. 507). New York: Oxford University Press.

危機因應流程

- 確認事件的範圍和嚴重程度。
- 通知所有有即時危險的人並發出適當的警報。
- 通知地方機關、警方、緊急救援、消防隊和其他第一線的因應人員。
- 動員危機介入團隊。
- 監測反應並啟動所需的其他資源。
- 監管危機反應團隊的行動（例如：溝通、群眾控制）。
- 務必和以下人員進行清楚和明確的溝通：
  - 警方、消防隊和緊急因應人員
  - 教職人員
  - 學生
  - 家庭成員
  - 危機團隊
  - 媒體
  - 社區
- 統整人數並實施急難場所策略。
- 確保有充足的資源以供立即因應之用。
  - 患者分流
  - 急救
  - 搜索
  - 搶救
  - 安全

- 撤離
- 群眾控制
- 通訊聯絡

- 安排教職員工輪值以盡量減輕第一線因應人員的負擔。
- 實施減壓的程序。

Roberts的危機介入方案：發生校園暴力後的因應

案例

星期二學校附近的煉油廠發生爆炸的時候，學生已經開始上課了大約一個小時，在學校國中部和高中部的建築物裡，馬上感覺到了威力，玻璃窗被震得粉碎，而且在最靠近煉油廠的中學部建築物出現了一些結構上的損壞。很快地，這個地區就湧入了因應煉油廠爆炸的緊急人員。傳統的通訊方式因為爆炸而無法使用，手機收訊短暫中斷，但在爆炸後10分鐘恢復通訊。馬上有報告說，學生由於爆炸而受傷、割傷、擦傷和輕微燒傷。在10分鐘內，有些學生開始反映有噁心反胃的情況，其他人則因為空氣中瀰漫著煙霧，而感到呼吸困難。在危機後的15分鐘，學校校長收到消息，有三個剛好坐車經過爆炸現場附近的學生在這場悲劇中喪生。

第一階段　規劃並進行一份完整的心理社會和致命性評估

因應發生在校園場景裡的危機，將需要實施一套預先計畫好的因應方案。在這個案例中，因應需求的心理社會評估，應已先透過危機因應團隊的籌備會議、情境發展及演習預先做好了規劃。在校園危機事件中，我們以致命性評估來判斷危機相關情境的風險範圍和嚴重性，以及所需的立即行動。評估者的角色應該由危機因應團隊的主席和帶領者擔綱，並與地方當局一起工作，以落實這套安全計畫。

第二階段　從心理層面接觸並且快速地建立關係

在第二個階段，需要提供學生清楚且穩定的訊息，以及一個明確合理的方案，使學生和教職人員在因應立即的危機情境時可以遵循。以下為可以遵循的建議行動：

- 保持冷靜並注意訊息。
- 提供明確的指示、安撫學生，並聚焦在問題的解決上。
- 為學生與社區提供明確且簡潔的資訊。
- 鼓勵社區及學生討論事件的相關事實。
- 對於發生的事和接下來的預期，都要提供精確的資訊和解釋；務必避免給予不實的保證，或對可能的結果提供不切實際的期待。

第三階段　檢視問題的層面以定義問題

在校園危機中，個體會馬上開始消化資訊。碰到校園危機事件時，危機介入者應該鼓勵學生和社區成員以正常的態度面對在此不尋常環境中的情緒反應。鼓勵他們以平衡的情緒反應視框，去消化事件的實際狀況。交替在認知功能以及情緒反應之間，有助於恢復心理的平衡。

危機介入者應該開始檢視問題的不同面向，以界定當下的情況。危機介入者可以透過鼓勵並促進溝通歷程以及學生的消化調整，來建立認知和情緒歷程，好將個體經驗到的心理創傷的範圍和嚴重性降到最低。

第四階段　鼓勵對感覺和情緒的探索

在校園危機的管理中，危機介入者應該用真實但帶正向預期的態度來提供資訊。雖然這麼做可能會改變學生和社區對事件的看法，但可以讓他們體認到，有溝通以及治療方法可以協助處理危機事件所引發的情緒反應以及全面性的創傷反應。

危機介入者和溝通團隊可以協助消化那些散發給社區的訊息。應以清楚、誠實和開放的溝通來和直接受到危機衝擊的人們應對。這些努力應該同時配合學生與社區成員的減壓，以及鼓勵個體探索與事件相關的強烈感受和情緒。潛在的問題或討論的重點包含但不限於：

- 事件發生時你在哪裡？
- 你看到、聽到或經驗到了什麼？
- 你現在感覺如何？
- 你所經驗的事情裡，哪個部分讓你感覺最糟？
- 怎麼做會讓你覺得它比較不那麼危險？

- 你過去曾經有過類似的經驗嗎？
- 你覺得接下來幾天，你會對這件事有什麼反應？
- 我們可以怎麼幫你度過這次事件？
- 你覺得你的家人會對這件事有什麼反應？
- 你的家人可以怎麼幫助你？
- 你覺得你的朋友／同儕會對這件事有什麼反應？
- 他們可以怎麼幫助你？

第五階段　探索並評估過去的因應嘗試

無論是在危機發生期間或緊接在事件後，探索個體過去因應的方式，都有助於了解個體和同儕團體所建立的因應機制程度。在和學生一起工作時，危機介入者必須：

- 觀察學生以找出偏好的適應策略。
- 詢問和評估面臨危機者發展出或使用哪些技能，使其最能夠從中受益。
- 將過去曾用過的因應技巧套用在現在的狀況。
- 根據學生偏好來建立因應策略。

第六階段　透過履行行動計畫來修復認知功能

行動計畫的發展和實施，是讓直接受到危機衝擊的人們恢復認知功能的重要關鍵。危機介入者應該：

- 在可能的情況下，讓學生在當下環境中與社區夥伴共同致力於恢復平衡；
- 與學生同儕團體及其家人一起工作，從中發展出處理危機的立即行動；

- 將學生、家庭和自然形成的同儕支持系統與社區支持系統加以連結（例如心理健康服務）。

透過一個和經驗事件的人們所合作發展出的行動計畫的實施，認知功能的恢復也就成為一種合作成果，反映了受災者與第一線因應人員共同做出的努力。行動計畫應能夠尊重當時的情況，我們也必須讓所有參與者都聚焦在目前或將浮現的事件意義上。當與教職員工和即時因應人員一起工作時，最好可以執行下列的行動：

- 盡早為教職員工減壓；
- 確保教職員工和第一線因應人員的支持系統已經到位；
- 讓教職員工和第一線因應人員輪班，以免在災難危機環境中暴露過久。

第七階段　追蹤

所有經歷了這場災難的人，對追蹤的需求都不一樣。因此，學校和社區心理衛生中心的工作人員之間必須發展出一種關係，來支持不單單在立即因應方面的需要，還有在校園危機發生幾週、幾個月甚至數年後的那些部分。長期的支持空間以及支持團體的建立，經過證實可以在校園危機後帶來益處。

另外，教職員工、家庭和心理衛生工作人員應該對那些受到危機事件長期影響而可能需要介入處理的人，持續進行觀察和評估。特別是傷害事件的目擊者或是受難者的好友更是脆弱，而容易因為危機狀況出現心理反應。某些因素會增加在災難後出現更嚴重心理影響的風險，像是：

- 與受害者在團體裡有連結（例如，學業方面、課後社團、團隊、在社區以及學校裡的課外活動）；
- 與受害者有共同的特質、興趣或特徵（例如，當學生覺知到他們和受害者有共同的特質、興趣或特徵時，會容易加深其焦慮或困擾）；
- 過去曾經有適應不良記錄的學生：
  - 社交疏離
  - 心理健康方面的診斷
  - 過去曾被逮捕或曾有暴力反應
  - 過去曾有自殺意念／意圖；
- 展現出極端或非典型反應的學生（例如，那些比一般同學有更極端哀傷反應的人）；
- 與危機受害者間有緊密關係的學生；
- 曾有創傷相關個人經驗的學生；
- 曾為罪犯或暴力的受害者；
- 過去曾經威脅他人或有暴力行為的學生；
- 同時發生了個人困境的學生：
  - 家庭問題
  - 健康問題
  - 精神病史
  - 嚴重的同儕衝突。

第25章

自然災害（颶風、地震與洪水）後的危機介入

災難流行病學研究中心（Center for Research on the Epidemiology of Disasters）將災難定義為「一個超出當地所能負荷，必須請求國家或國際級的外部援助的狀況或事件」。諸如颶風、龍捲風、暴風雪和海嘯的自然災害都屬這樣的例子。本章對這個廣義的災難是指因自然或人為的破壞和毀滅，其中也包含失去生命，以及經歷了一些風險事件而帶出的強烈反應等。

災難可能是發生在當地、鄉郡、地區、州或整個國家，並會牽涉到大批人民需要外界資源的支持，來處理明顯的基礎建設毀壞、社會功能中斷、醫療、心理健康和個人苦難。這個定義的重點，在於那些負責救災的人對於人民和社群受到災難影響的嚴重程度的看法。

有太多個人及家庭不會向心理健康專業尋求治療，因為他們在尋求協助或者相信自己有能力處理情況之間，舉棋不定。

實務工作者若要在社區災難後使用那些相對新穎的早期介入模式，就必須在這些模式獲得長期一致的實證之前謹慎為之。另外，

危機因應和創傷團隊須以即時且幹練的方式來提供緊急的服務，確認團隊成員有定期受訓、精進技巧，並且要鼓勵所有的危機因應人員保持正向的心理健康（Regehr & Bober, 2004）。

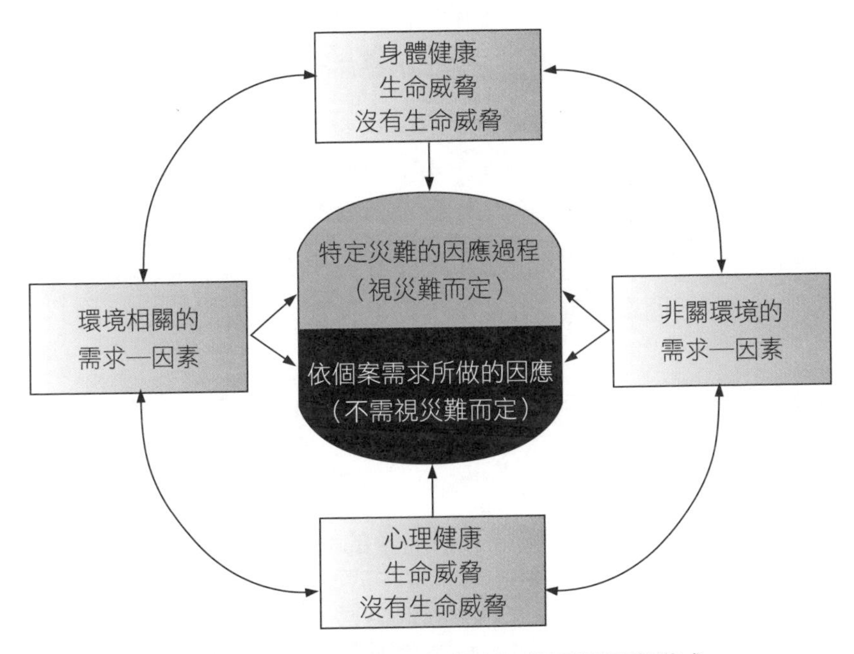

圖 25.1　自然災害後的危機介入的兩種反應模式

幾乎很少有研究可以測量重大災難發生以後，短期危機介入對長期心理健康的影響。雖然我們開始看到一些災難心理健康和危機介入模式在成效上的實徵證據，但大部分的研究都沒有控制臨床上的特質，例如：訓練或教育的類型、程度以及經驗。因此，研究可以開啟一個充滿希望的開端，但我們也必須從早期發展階段就開始加以謹慎看待。

在本章的其他部分，我們將會呈現兩個相關的模式，系統性地探討危機和災難管理。這兩種模式都採取依照步驟循序介入的方式，特別設計來協助第一線因應人員、醫療專業人員以及幫助因應有困難面對新近創傷重大事件或災難的助人者。這兩種應用模式都奠基於 Roberts（1991, 2005a）的七階段危機介入及危機管理模式。

危機工作者應該「擔任主動和指導性的角色」，但不要從真正經驗危機的個體接手「變成問題的主人」（Fairchild, 1986, p. 6）。有技巧的危機工作者在跟經歷嚴重情緒混亂和威脅狀態的人努力溝通時，仍會持續展現充滿希望和接納的特質。同時，危機臨床工作者也會向人們保證他們可以從這個意外中存活下來，並解決那些看似無法克服的問題，重新在生活中獲得生理、情緒和社交的平衡。

Roberts的危機介入方案：對自然災害的因應

第一階段　規劃並進行一份完整的心理社會和致命性評估

通常，有經驗的臨床專業人員會同時完成第一和第二個階段。然而，危機介入者的首要任務是蒐集與個體需求、經驗、覺知和計畫相關的基本資訊，以決定他是否潛藏有自傷或傷人的計畫。諮商師、社工師、醫師、心理學家以及護士都有可能會遇到各式各樣的危機個案，包括那些住在危險或暴力社區裡或是附近的人。在很多案例裡，臨床工作人員會接觸到危機通報者，或危機中心、急診室裡的人，其中有許多個案是有「一些」潛在傷害危險，但個體並不自知或不願意提供資訊，來確認自己有危險和安全措施的需求（Roberts, 2005）。

我們應該要馬上判斷是否有立即尋求醫療照護的需求（例如，

服藥過量、自殺意圖，或恐怖攻擊的受害者），也要馬上評估個案的一般想法、特定的計畫，或是暗示有自我保護或自我傷害意圖的計畫（例如，年齡、最近的重大生活事件、持有槍械、身體健康、精神疾病診斷史、家族史、物質濫用史、先前的自傷意圖、與自傷有關的信念）。**注意**：自傷的風險因素並不絕對等同於自殺的可能，必須謹慎地對照環境保護因子加以考慮（例如：生活充滿前景、視自殺為負面行為的文化信念、擁有正向因應技巧、擁有正向的社會支持、和家庭成員關係良好等）〔關於為處於風險中的病人進行的完整評估，可參照美國精神醫學會對自殺行為患者進行評估和治療的實務工作準則（American Psychiatric Association Practice Guidelines for the Assessment and Treatment of Patients with Suicidal Behaviors）〕。

關乎安全的額外考量

- 確定是否有任何孩子牽連其中並有立即的危險。
- 倖存者是否需要救護車送到醫院或避難所？
- 身陷危機的人是否受到酒精或是藥物的影響？
- 確定有沒有更猛烈攻擊的可能性，或者是否有恐怖份子或爆裂物還在這一帶。

第二階段　從心理層面接觸並且快速地建立關係

這個階段包括專業人員與個案最初始的接觸。臨床工作者要優先和個案建立合作默契，透過互動傳達尊重以及對其尋求協助的接納。在很多案例中，主動聆聽技巧是有幫助的。很多時候，尋求協助的人需要有人保證他們有能力處理他們正面對的議題。提供保證並列舉一些解決方法，讓求助者穩定下來，將幫助他們感覺「來到對的地方」討論他們個別的需求。很重要的一點是，記得危機中的個案會覺得他們是第一個面對這種議題或狀況的人，向他們保證復原的可能性，對於這個階段的關係建立是必要的（Roberts, 2005）。

第三階段　檢視問題的層面以定義問題

辨識造成危機事件的因素是有幫助的，協助臨床專業人員了解病人經驗的問題是最重要的。舉例來說，「最後一根稻草」或促發事件可能是什麼？危機介入需要使用開放式問句來檢驗先前的因應方法與問題的面向，要專注於能夠解決危機的「現在和如何」，而不是發生了什麼事的「那時和為什麼」（Roberts, 2005）。

第四階段　鼓勵對感覺和情緒的探索

這個階段密切地關係著問題的層面，特別是促發事件的檢視與定義。在這裡將以獨立的階段呈現，因為有些危機工作者會為了要在時間內完成評估，而忽視了這個關鍵階段。有效的評估是需要時間的，簡單問一些「關鍵」問題並不能總結出個案狀態的評估結果。介入者必須允許個案在接納、支持、保密、不批評的氣氛裡傾訴並表達感覺和情緒。用來穩定病人的重要線索常常在這歷程中出現（Roberts, 2005）。

第五階段　探索並評估過去的因應嘗試

和病人一起評估其正向和負向的因應嘗試，以及他們對於目前危機狀況所做的相關運用，是很重要的。這麼做的時候，熟練的臨床工作者將得以從個案的成功經驗承接其優勢觀點，去規劃一個有效的治療計畫。在這個階段的危機介入，應該考慮焦點解決治療，因為它強調用個案本身具有的優勢工作，來開創一條邁向解決危機的路，透過一系列臨床工作者和病人都同意的步驟，來建立一個朝向解決危機的行動計畫。因為優勢觀點和焦點解決治療皆視病人是有復原力的，此取向為有效的工具，用來評估個案過去的因應機制若經過調適，能否再次被應用。這個歷程賦權給病人，讓他們能在復原的歷程中扮演主動的問題解決的角色。

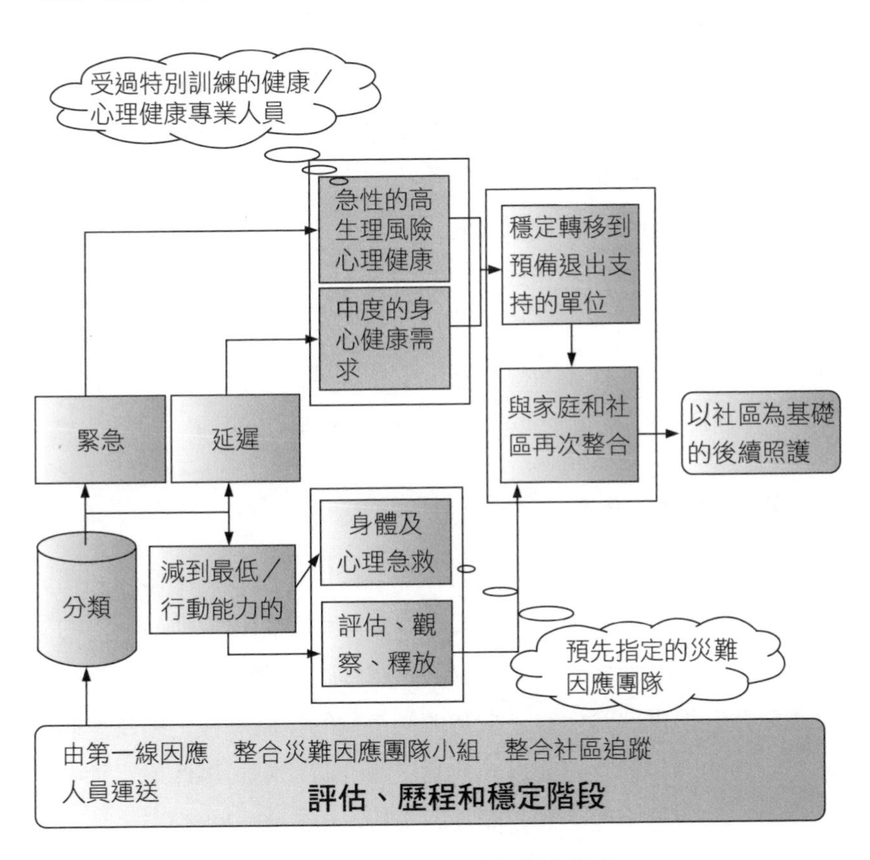

圖 25.2　評估、歷程和穩定階段

第六階段　透過履行行動計畫來修復認知功能

危機介入歷程中理所當然包括了認知穩定性的恢復。掌握認知（cognitive mastery）包括三階段：

階段一需要對於發生了什麼事、是什麼導致危機建立合於現實的了解。危機的相關細節常是不清楚的，對於發生了什麼、如何與為什麼發生、被影響的人以及情有可原的狀況形成清楚的了解，才可以作為掌握認知的基礎。

在掌握認知的階段二，需要讓病人了解事件的獨特意義。危機的經歷常常會打擊一個人對未來的憧憬。病人本來以為會帶領他或她走向未來的每件事都在瞬間變得不確定了。在這個介入的階段，危機介入者須避免一味地辨識病人的非理性信念，而是要讓個案自己去發覺扭曲的認知和／或非理性信念。

階段三包括對非理性信念的重建或取代。這常在個別晤談中完成，但可包括回家作業、寫日誌、支持團體或其他過程，來協助病人形塑與危機狀況相關的想法和信念（Roberts, 2005）。

第七階段　追蹤

在危機介入歷程的結束階段，必須提供機會讓個案去探索在這短暫治療期間達成的進步。個案可以在這個時間檢視他能獲得的支持系統，並且和團體成員討論將如何在社區中持續獲得支持。最後，必須對個案提供追蹤會談來支持他們後續的復原歷程，因為他們可能在危機的週年紀念日或是其他高風險的時間點、事件或互動中，經歷潛在的促發事件而需要額外的支持（Roberts, 2005）。

在這時，我們會偏離危機介入的傳統方法，朝向災難心理健康的介入模式。為方便以下討論，災難心理健康指的是管理、維持、支持並引導那些經歷極具破壞性之事件的個人與社區的歷程。在天然或人為的災難後立即施予心理健康管理的目標，是要提供高度熟練的介入。它雖然本質複雜，但是特別經過設計要傳達憐憫、同理、支持，好將負面影響減到最小，並為所有受到影響的人建立個體的復原因子。

那些負責災難心理健康工作的人，要與第一線因應人員，如警消人員、緊急醫療人員、基礎照護人員（例如：急診室和其他醫護人員），建立有效的合作關係。在災難前的準備重點應該包括但不限於下列層面：

- 控管
- 涵容
- 通訊
- 合作
- 控制情勢
- 社區
- 代償
- 宗教組織
- 照護模式

控管（control）：災難自然會使人失去控制感。災難心理健康人員必須協助第一線因應人員在災難後的幾小時內迅速建立控制感。舉例來說，在預先規劃好的初級和次級分流站給予無重大傷害的人指引，這麼做的目的是為了要在災難現場附近提供立即的支持，也依照需要協助家庭成員重聚、進行危機及心理創傷的評估與哀傷輔導（Miller & Berg, 1995）。

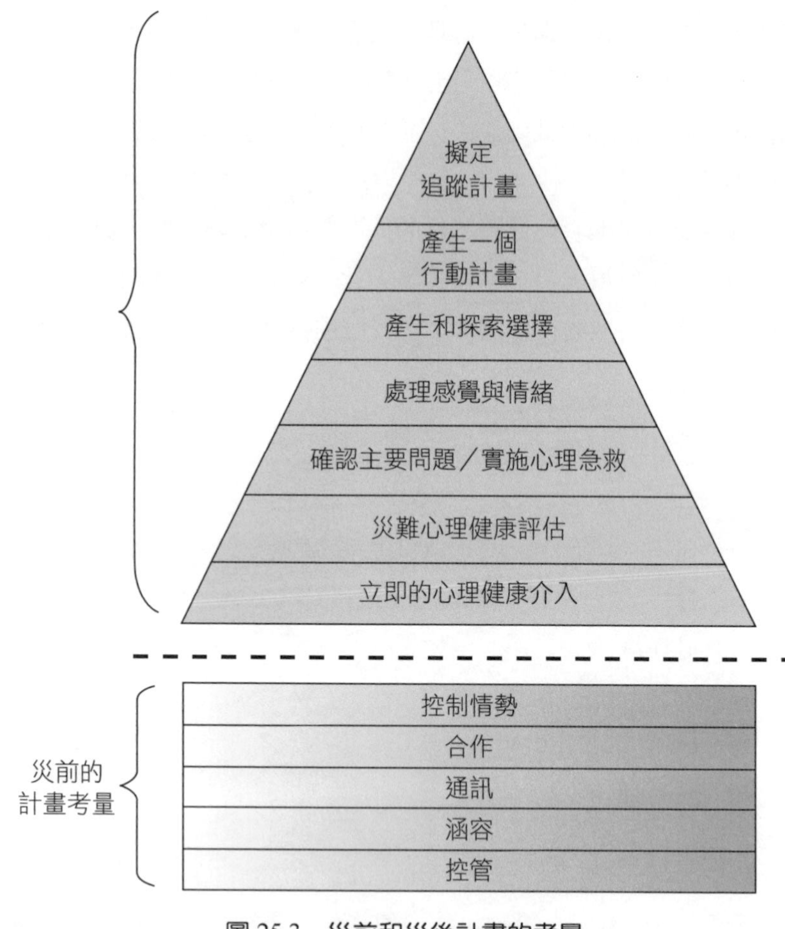

圖 25.3　災前和災後計畫的考量

涵容（containment）：伴隨著災難出現的大多數混亂，都是由於缺乏一套有系統的方法來因應那些為立即創傷所苦的人。心理健康專業人員受過特別的臨床訓練，可以協助處遇心理創傷和危機。

心理健康專業人員在心理健康災難後的主要功能，是要辨識出可能發生心理失調和行為失調的人，並給予建議到預先規劃好的地點（如：安全養護中心、心理創傷中心、哀傷中心、健康中心、心理健康支持中心，以及若有必要的話，感化所）接受適當程度的照護。

通訊（communication）：清楚規劃的通訊模式對災難管理而言是相當重要的，一定要在事前計畫中將備用方案規劃進去。很多時候，基礎通訊設備被視為理所當然，然而，今日的現代通訊網在碰到天災和人為災害時，是十分脆弱的。陸上和無線的電訊溝通皆需依賴複雜的傳遞系統與無線電波，傳統的電話線、行動基地台和無線電波，在災難狀況中都非常不堪一擊。

第一線因應人員和那些不常牽涉在危難情形中的人之間，必須要有良好的溝通線路。所有牽涉其中的人都必須在災難發生前就知道照護管理的初級與次級管道。舉例來說，如果初級的計畫是把所有受創者送到作為創傷中心的市立總醫院，那麼，也必須要有明確的備用地點規劃，以免該院因為超過負荷、人手不足或是設施損壞不能使用，而無法接收病患。

在第一線因應人員和衛生、救災人員之間的溝通訊息應該標準化，使用事先決定好的溝通計畫，其組成為：

- 狀況：影響創傷程度的關鍵經驗；
- 病人資訊：姓名、戶籍資料；
- 評估：指出立即需求；
- 建議：最適當的照護為何；
- 問題：尚未答覆個人和照顧者的任何特定問題。

合作（collaboration）：要經常提供機會讓所有參與災難管理的

人得以交流、討論災難管理的計畫。這聽起來雖簡單，要實施卻是極為困難。目前的模式主要動員計畫高層人士參與互動和演習，然而，在大多數社區裡，實際工作人員只會分別進行演習。應該盡可能地將心理衛生介入的現有流程整合為災難應變計畫的一部分。此外，災難應變團隊需要經常舉行非正式會議，來促進彼此建立關係，因為關係是在危機時刻裡互動的關鍵。

控制情勢（confinement）：一般大眾因為缺乏資訊、只知道一點點資訊或資訊不清楚，而顯得歇斯底里。資訊和教育可以強化個人的因應能力，而且應該作為防災準備的一部分，在災難發生前也應該溝通好指定的避難所、程序和參與者等資訊。面對這些事件會出現的正常和可預期反應先提供教育，將有助於心理復原的訓練，以及資訊中心在災難前後持續提供訊息和回饋，都有助於在社區中發生重大事件時，控制混亂情勢的程度。在學校、公司行號和社區場合中要持續提供教育課程。防災計畫的相關宣傳品須是免費，而且可以在圖書館、衛生署、診所和所有公家單位等公眾場所索取。

社區（community）：社區的定義方式對災難心理健康來說是很關鍵的。社區可以用很多種方式來定義，例如：城市範圍、鎮區範圍、學校區域。對災難事件的地理區域有清楚的界定是極重要的，因為天然災害，像是龍捲風、水災、火災，都是跨越區域的，社區、郡、州都應該界定內部和彼此的合作歷程。誰來反應、在哪裡工作、做什麼都是不能事先預設的，因此，防災計畫應該包含整合訓練，並在事件發生前建立整個系統的標準化歷程，設立區域內與跨區域的控制中心，以促進多方人員的串連服務與介入。

代價（cost）：並不是所有的社區或市政單位都能夠預備且維持災難紓困的所有必需品，不過倒是可能要讓每個社區都了解並運用

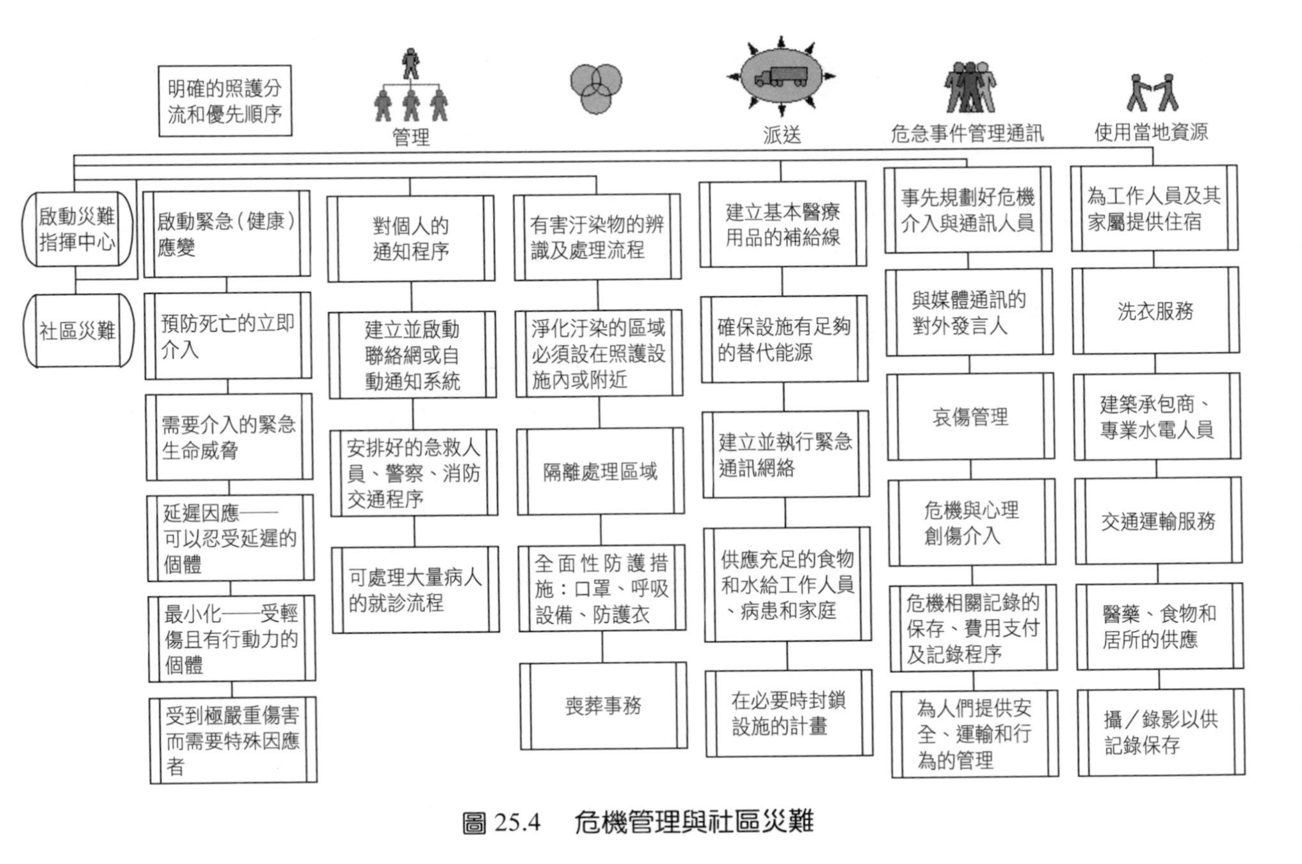

圖 25.4 危機管理與社區災難

災難紓困歷程，知道周圍的社區有什麼資源，也可提供機會去了解潛在的災難應變計畫。災難應變計畫的時機和啟動，需要我們清楚了解地方、郡、州與聯邦層級的災難應變窗口的溝通流程。

宗教組織（clergy）：建構會在社區中被自然接納的支持系統，是因應災難時很重要的一個部分。許多社區的人會自然尋求自己所知曉的社區支持系統，因此教會、醫院、學校理所當然地成為人們在災難時刻會尋求的避難所。宗教人士的技能加上他們在社區裡已經建立人人認得的角色，自然能夠融入到災難因應團隊裡。靈性的療癒是重建心理平衡的一項自然元素，其功能可以提供一個架構來了解倖存者的反應，並增強社區內的因應機制。

照護模式（care models）：一如前述，已經有許多人試圖建立災難的單一定義或描述，然而，沒有人能夠成功賦予明確定義（Lystad, 1988; Norris et al., 2002）。對於災難的心理健康因應系統也是一樣。這個模式的基礎結合了災難應變的文獻和知識，以及確認高風險族群介入的共同要素。這樣的模式並未企圖成為面面俱到的災難管理方法；然而，它可以提供一個潛在架構，讓社區災難應變人員可以在危機時刻，據以處置當下浮現的特定需求。

第 26 章

飛機、鐵路或建築物遭恐怖爆炸攻擊後的介入模式：危機介入的ACT模式

各種引發創傷和導致危機的事件，近來普遍且頻繁地在世界各地不斷發生。危機事件的範圍更擴大到影響廣大社會階層的公共事件，例如：商業客機失事、恐怖爆炸、攻擊建築物、鐵路或其他形式的恐怖攻擊。數十萬人因生命威脅或創傷事件造成重大困擾又難以承受，而突然出現急性危機症狀。每年有數百萬人遭遇他們無法自行解決的危機促發事件，因而向危機介入計畫、社區心理衛生中心的危機介入部門、門診、家庭心理諮商機構或私人執業醫師尋求協助。

恐怖主義的各種定義，會因恐怖份子的做法、動機及身分而有不同的強調，而且隨著機構及文化的不同也有所差異。美國國防部將恐怖主義定義為「經詳細計畫使用暴力或暴力威脅來滋長恐懼；企圖脅迫或恐嚇政府或社會以達到其政治、宗教或思想上的目的」（Burgess, 2003）。恐怖份子將目標鎖定在無辜、不知情的受害者身上，以提高大眾的焦慮。雖然恐怖主義的行動看似隨機，但事實上多半是恐怖份子為了宣揚他們的攻擊能力而策劃的行動。

相較於自然和人為導致的災害，恐怖主義引發的心理反應更為強烈也更持久（Myers, 2001）。這是由於恐怖攻擊本身的性質就是要對群眾灌輸恐懼、焦慮以及不確定感（Badolata, 2001）。

恐怖主義之所以會加重心理反應的強度及嚴重性，是由於以下幾個特徵。首先，恐怖攻擊是在毫無預警的情況下發生，並對社會和人們的生活方式產生破壞。因為沒有預警，人們也就來不及在生理與心理上採取保護行動。恐怖攻擊讓個體更為驚恐，也是因為它通常伴隨著突如其來的現實和環境變化。以前認為安全的地方突然變得不安全，灌輸在個體心裡的不安全感將會持續一段很長的時間（Dziegielewski & Sumner, 2002）。恐怖份子的行為中，有四個元素與創傷有關：(1)破壞的範圍；(2)將人民、倖存者以及因應人員暴露在可怕的情境中；(3)蓄意造成人員傷亡而引發的憤怒情緒；以及(4)社會暴露於高度的不確定性、失控，以及社會生活被打斷（Myers, 2001）。

大部分的危機介入與創傷治療專家一致認為，在介入之前，必須針對情況與個體做一次全面性評估。及早與人們接觸，我們便能在暴露於創傷期間，從根本去預防急性創傷壓力反應轉變為慢性壓力疾患。急性創傷壓力管理（Acute Traumatic Stress Management, ATSM）的三個首要步驟是：

- 評估自身和他人的危險／安全；
- 考量財產損失和／或生理傷害的類型和程度，以及傷害的持續狀況（如爆炸）；以及
- 評估個體的反應能力……個體是處在警戒狀態？在疼痛中？知道發生了什麼？或是處在情緒衝擊中？或是正受到藥物影

響？（Lerner & Shelton, 2001）

在經歷了有潛在壓力又造成危機的事件後，個人受到的影響可透過以下方式測量：

- 空間向度：越是靠近災難中心的人，會感受到越大的壓力（同理，與災難受害者關係越緊密的人，越可能進入危機狀態）。
- 主觀時間：暴露在災難下的時間越長（估計暴露在災難以及相關感官經驗的時間長短；例如汽油的氣味裡帶有火災的味道），個體受災難影響的程度就越大。
- （知覺到的）經驗重現：越是認為先前的悲劇會再發生，就越會出現強烈的害怕，因而導致倖存者的急性壓力狀態。

在考慮因應重大災難，像是發生在建築物、火車和飛機等公共建設的恐怖攻擊的對應方法，務必要設立標準化的方案，才能在伴隨著混亂、恐怖與迷惘的危機情境下，提供往往缺乏的處理架構。處理重大災難的工作架構之一，就是如下所述的 ACT 模式：

A —評估立即的醫療需求、對公眾安全的威脅和財產損害
—分流評估、危機評估、創傷評估，以及生物心理社會與文化評估流程
C —與支持團體連結，提供救災和社會服務，進行危機事故壓力減壓（Mitchell 和 Everly 的 CISD 模式）
—以優勢力量觀點進行危機介入（Roberts 的七階段模式），提升因應動機
T —創傷壓力反應、後遺症，和創傷後壓力疾患（PTSD）
—十步驟急性創傷和壓力管理方案（Lerner & Shelton），進行創傷治療計畫和復原策略

圖 26.1　急性危機與創傷治療之 ACT 介入模式

ACT 介入模式

A—— 評估（assessment）現存的問題：這包括了分流評估、依據危機與立即醫療需求評估所做的緊急精神疾患因應，以及包括了生物心理社會和文化評估方案的創傷評估。

C—— 與支持團體做連結（connecting）：提供社會服務、危機事故壓力減壓（critical incident stress debriefing, CISD）和危機介入。

T——創傷（traumatic）反應、後遺症和創傷後壓力疾患（PTSD）。ACT模式的第一個步驟，也就是「A」，指的是立即評估對個人（例如：自殺企圖、自我傷害行為和個人自我照顧能力的評估）或可能傷害他人（例如：攻擊他人的可能性、謀殺意圖、謀殺）的風險。當個體出現殺人或自殺意念，或沒有能力照顧自己時，將需要短暫入院治療以穩定狀況。不過在危機介入的領域中，大多數的個案並不需要住院治療。在接下來的章節中，將會呈現ACT介入模式的逐步做法。

評估的主要目的，是為了蒐集資料，以更加了解事件的本質、個案對事件的覺知和反應、支持系統的規模、因應機制的效能和尋求協助的意願。初談（intake）的形式和快速評估工具是要用來充分蒐集正確的資訊，以協助決策過程。重要的是，雖然評估的是個人，但實務工作者也應該將個人周遭的環境納入考量，包括尋找支持性人際關係的資訊（Lewis & Roberts, 2001, 2002）。

準確的評估將能對個體的情況做出準確診斷，也從而建立個案可以理解、測量並達成的具體治療介入。ACT 模式中的「C」討論了危機介入和社會服務之間的連結，是種能運用清楚、具體的方法來進行危機介入的能力。實務工作者發現，無論是診斷的分類，或是個案的照護需求，傳統的理論派典其實並不如清楚的流程來得有效。ACT 模式中的「T」指的是創傷評估和治療。創傷事件指的是種無法承受且高度情緒化的經驗，這種經驗嚴重地影響了個案維持自己心理和生理穩定的能力。也很重要的是，長時間暴露在一連串的創傷事件中，例如：家暴，可能導致心理福祉（psychological well-being）的下降（Roberts, 2002）。另外，經驗到創傷事件的人們，只有 3%-5%的機率會發展出創傷後壓力疾患（PTSD）。

Boscarino、Adams和 Figley（2004）在 2001 年 9 月 11 日紐約世貿中心攻擊事件後的 4-5 個月，以隨機電話撥號抽樣了 2,001 位成年的紐約市居民，進行心理衛生服務和精神藥物的使用評估調查。訪查中發現，有 7.6%的人表示在過去三十天內曾使用過心理衛生服務，7.7%的人表示使用過精神藥物。與使用服務相關的因子包括：經歷四個以上的創傷生命事件、在過去十二個月內經歷過兩個以上的壓力生活事件、罹患創傷後壓力疾患以及憂鬱症。研究者提出結論認為，服務的使用與心理疾患或過去的創傷事件有關。研究也指出，擁有行為醫療照護（behavioral healthcare）及醫療保險的人，比較能夠獲得這方面的服務。單是那些與獲得服務相關的資訊，就提供了了解重大災害後潛在需求的重要資訊（Boscarino, Adams, & Figley, 2005）。

第27章

生化恐怖攻擊後的危機介入

不論已經確認或尚未查證，經由難以偵測的生化藥劑（biological agents）所造成的害怕與恐懼程度，可能比自然災害或已知因素的人為災難所造成的恐懼和創傷經驗來得更大。這樣的說法是基於生化恐怖攻擊（bioterrorism）背後的未知因素的潛在影響。其中最大的一個潛在影響便是心理反應，它可能會先以大規模恐慌的形式發生，接下來便會出現從急性壓力疾患、憤怒、罪惡感，到創傷後壓力疾患、畏懼症、睡眠障礙、憂鬱、物質濫用等反應（DiGiovanni, 1999）。一般而言，在考量生化恐怖攻擊的危機介入時，「通常是在處理重大事件引發的恐懼，而非事件本身，這樣的恐懼將會對全國上下的兒童和家庭帶來極大的長期負面影響」（National Advisory Committee on Children and Terrorism [NACCT], 2003, p. i）。

當我們思考危機介入者在生化恐怖攻擊中所扮演的角色時，首先要考量其他專業人員在其中扮演的角色。在生化恐怖攻擊事件中，最初的行動是由第一線因應人員（例如：消防隊員、警察）來進行，他們有責任評估現場的實際狀況，以確定它對鄰近地區民眾福祉造成的威脅程度。第一線救難人員通常也需要負起維護現場、辨識生化藥劑的責任。就像在很多危機情境裡一樣，會選出一位事故指揮官，來作為現場的最高指導人員（當地執法人員、州政府或聯邦單位）。事故的指揮架構則是由聯邦救難總署（Federal Emergency Management Agency）發展出的一套經過明確界定的方法，指派能夠依循既定程序的領導者，也清楚描述了每位團隊成員的角色，以便在容易產生混亂的情境下提供一個架構（FEMA, 2003）。

在生化恐怖攻擊事件中，每個參與者都應該展現出災難心理健康的「六個 C」（Mitchell & Everly, 2001）：

- 冷靜（calmness）：危機介入者必須熟知如何以副交感神經系統取代交感神經系統作用（例如：透過緩慢而深長的呼吸來降低心跳頻率，並放鬆骨盆的肌肉），來緩解情況（Rank & Gentry, 2003）。
- 常識（common sense）：人類的大腦在創傷事件中會出現「戰或逃」的生存機制，而妨礙了更高層次的邏輯推理（Cannon, 1915）。此時，諮商介入者可以提供知識與引導，運用常識來幫助潛在的受害者保持冷靜和專注。危機介入者的角色，要配合第一線因應人員的工作，提供明確而符合常識的指引（例如：把濕涼的衣服和毛巾放在臉與脖子上以保持冷靜）。
- 同情（compassion）：提供簡單且令人安心的支持，例如：回答些問題，將有助於舒緩許多經歷危機的心靈。
- 合作（collaboration）：解決任何危機的成功關鍵都在於合作。危機介入團隊的每位成員都會被清楚地分派角色，團隊一起合作，最終才能達成目標。較為熟悉建築物或區域的成員，應該為較不熟悉的成員引路；其他人就去著手任何需要處理的任務。

這並不是在團隊裡爭取較佳地位的時候。

- 溝通（communication）：要解決任何危機，最根本的就是簡單明瞭而且切中要點的溝通過程。這一點在處理未知的藥劑（生化藥劑）時格外重要，只針對事實進行討論，並在引起恐慌前中止一切謠言。
- 自我監控（control self）：危機介入者必須隨時注意自己在危機情境中的定位、反應和需求。在這個方面，身處生化恐怖攻擊事件時，頻繁地與同儕、督導討論以檢核自身（check in），並處理自己對事件的身心反應是非常重要的。

Roberts的危機介入方案：對生化恐怖攻擊的因應

案例

清早，在一所忙碌的大學校園裡，有一通電話打進了 911 指揮中心，報告說醫學院和某些醫院部門裡的工作人員及學生出現了輕微頭痛、噁心、呼吸急促的情形。事故指揮中心立刻採取行動，派遣了保全與急救人員、消防人員等第一線因應人員；醫療人員和危機介入者則在事故指揮中心啟動之際，便動員起來因應威脅。

第一階段　規劃並進行一份完整的心理社會和致命性評估

這個案例就和每個危險情境一樣，進行一份完整的心理社會和致命性評估是首要任務。由於時間有限，因此立即而迅速的安全性評估是非常重要的，並且要鉅細靡遺地討論和決定需要立即採取的行動。

- 在事件中，助人者的安全是極其重要的（Mitchell & Everly, 2001）。
- 當皮膚或衣服接觸到可見的潛在傳染性物質，把衣物脫下並將它與個人物品分開裝袋，立即以溫肥皂水清洗，換上乾淨的衣物後，向指定的督導回報並尋求緊急醫療服務。

第二階段　從心理層面接觸並且快速地建立關係

基於生化恐怖攻擊充滿不確定性的本質，一貫地發布可靠資訊的能力將有賴於關係和心理接觸的建立。

- 在這種狀況下，提供事實是建立關係與接觸的重要方法。在這類事件中，資訊可能帶來天壤之別；它可能讓人陷入恐慌，但也可能幫助人們多加忍耐。
- 盡每一分努力用最可行的方法進行溝通，以確保每個人都得到可靠的相關資訊（World Health Organization, 2003）。

第三階段　檢視問題的層面以定義問題

努力溝通不單單只是為了教育，也是為了提供處理進展的時間表以及相關資訊。描述事故相關的進展和找出實際來源（如果來源確實存在）一樣重要。在這種情況下，危機介入者所採取的，是以預防的方式來因應恐慌。描述幾個層級的進展，並和上、下級單位之間來回溝通。告訴人們即將採取哪些措施來確保他們的安全，並向指揮中心報告那些身處在高度危險區域的人的反應和回應。

第四階段　鼓勵對感覺和情緒的探索

在生化恐怖攻擊事件中，探索害怕和強烈的情緒反應，是減輕潛在的毀滅性反應的關鍵。

- 化解（defusing）：可以用來穩定那些情緒或行為失控的人。危機介入者可以提供沉穩（grounding）以及涵容（containment）技巧，例如：深呼吸練習、引導式想像、肌肉放鬆和其他技巧，來穩定群眾並提供安全感（Sapolsky, 1998）。
- 將反應正常化（normalize）：在團體的危機減壓過程中，邀請參與者簡短描述他們的想法和感覺，給團體一個「宣洩」的機會。教導團體成員遭受創傷時常見的一般反應，說明這些反應可能涵蓋的範圍很廣，從強烈的情緒反應到沉默且可預期的反應等（Mitchell & Everly, 2001; National Institute for Mental Health, 2001）。

第五階段　探索並評估過去的因應嘗試

在生化恐怖攻擊事件中，探索與評估因應機制可以帶來新的意義；你無法評估用過去的因應方式解決現況的成效如何。相較之下，危機介入者的目標是要去檢視各式各樣的復原因子，像是在這個情況下去探索：

- 個人信念，
- 模糊情況的效應或反應，
- 最喜愛的社交活動，以及

- 最佳的想像方案（best imagination schemes）。

要一直持續讓認知、心理、身體反應交替運作（Rosenfeld, Lahad, & Cohen, 2001）。另外，讓他們和家人以電話簡短地聯繫，可以促進他們和家人之間的連結，這也最能讓個案感到安心，但一定要特別注意保持「隨著連結而來的情緒反應」與「在危機情境中所能提供的安心感」，這兩者之間的平衡。

第六階段　透過履行行動計畫來修復認知功能

如前所述，生化恐怖攻擊中的行動計畫往往是由團體所在地以外的事件指揮中心所擬訂的。危機介入者的角色乃是提供清楚的資訊，告知計畫內容以及下一步的行動。

第七階段　追蹤

國家兒童和恐怖主義諮詢委員會（NACCT, 2003）建議，在生化恐怖攻擊事件結束後，「讓兒童優先回歸日常生活，盡快提供適當的支持，以提升家庭和社區的復原力」（p. ii），並在課堂中使用心理減壓、心理衛教、遊戲治療和藝術治療，讓他們訴說並表達出自己的感覺（National Institute for Mental Health, 2001）。

凶殺案倖存者的危機介入

在美國，凶殺案的犯罪趨勢變動極大。根據美國聯邦調查局（FBI）的官方犯罪報告（Uniform Crime Reports），1950 年到 2005 年的凶殺案發生率：

- 從 1960 年代中期到 1970 年代晚期，幾乎是雙倍成長；
- 在 1980 年達到巔峰，每 10 萬人口中有 10.2 人。隨後在 1984 年下降至每 10 萬人口有 7.9 人；
- 1980 年代晚期、1990 年代早期時再度上升，並在 1991 年達到另一個巔峰，每 10 萬人口有 9.8 人；
- 從 1992 年到 2000 年，事件發生率銳減。從那時起，發生率趨於穩定。

以下是 1976 年到 2005 年的資料：

- 不論是凶殺案的受害者或加害者，黑人都占了極大的比例。黑人受害的比例是白人的六倍，黑人加害者的比例則是白人的七倍。

- 77%的受害者和將近 90%的加害者是男性。男性受害的比例是女性的三倍，加害的比例則是女性的八倍。
- 大約有三分之一的謀殺案受害者和將近二分之一的加害者年齡在 25 歲以下，而不論受害者或加害者，每十萬人口的發生率，在 18-24 歲的年齡層最高。

來源：FBI, Uniform Crime Reports, 1950-2005.

凶殺案之定義

當一方蓄意、魯莽或不小心地奪走另一方的生命，即構成凶殺。

當開始與受害者的家屬、同儕，以及與受害者有特定或偶然關係的人們工作時，危機介入者從最初的告知，到伴隨而來的哀悼和後續處理，都會遇到一些特殊的挑戰。危機介入者在和凶殺案倖存者工作時，可以預期會面對兩種主要的反應。首先，是對失去至親摯愛的可怕消息所出現的「創傷反應」，有時還會加上歷歷在目的事件細節影響。其次是對於過度痛苦而無法立即理解的訊息所出現的「麻木」或情緒上的抽離（emotional retreat），通常伴隨著對親友驟逝事實的否認。雖然每個人回應與哀悼的方式不盡相同，但有些是凶殺案倖存者通常會有的反應。這些反應包括但不限於：

- 伴隨痛苦以及謀殺案受害者所經驗到的苦難而來的恐懼；
- 想要追究原因的強烈渴望；
- 想要知道凶殺案的每個細節的強烈渴望；
- 企圖在情緒衝動的干擾之下維持日常生活；
- 對於加害者的生氣／憤怒；

- 焦慮；
- 易怒；
- 情緒擺盪不定；
- 坐立難安；
- 失眠；
- 在收到死亡通知時，不斷出現犯罪現場相關的侵入性思考；
- 混亂、失序的思緒；
- 對自身安全感到害怕；
- 絕望感與無助感；
- 頻繁地譴責自己沒盡力保護對方；
- 極深的失落感及罪惡感，最後引發對受害者的怨怒；
- 可能的自殺意念。

在和凶殺案倖存者工作時須特別注意，這段哀傷歷程，將受到刑事偵查、媒體報導、證據流程（例如：驗屍報告）、後續的刑事偵查、起訴聽證、其他法律程序等相關流程的干擾。此外，倖存者將因為情勢使然，被調查人員、記者、朋友、鄰居、親人和法律程序等的提問被迫去回顧事件，也因此，倖存者將在每次回溯事件時，再次經歷創傷。以上所述的問題，都使倖存者在被迫重新經歷創傷事件的同時，也不斷地在哀傷歷程中被打擾或中斷停滯，而使整個歷程越加複雜。

Roberts的危機介入方案：對凶殺案倖存者的因應

案例

Sherry 是一位 50 歲的女性，她在經歷 22 歲女兒 Anne 的謀殺事件後，前來接受初步評估。Sherry 提到，案發當晚她女兒最後被看到時，是和朋友一起離開學校酒吧。當他們分別要去取車前，Anne 還提醒朋友要小心點，Anne 的身影沒入附近的停車場後，就再也沒有人見過她。Sherry 說：「我不知道該怎麼處理這種情況，我一度覺得非常憤怒，但接下來，我就瑟縮在床上哭泣。」Sherry 無法提供所有的細節；但她提到 Anne 消失了將近四天，到了第五天，她的車子在三個郡之外的郊外被人發現。初步報告指出，Anne 被強暴、毆打並被鎖在後車廂裡直到死亡。Sherry 表示她無法擺脫這件事，她會一直想到女兒死前經歷的最後幾個小時，以及她最後獨自在黑暗裡死去的種種。Sherry 哭著說：「我現在進退不得，不知道該做什麼，警方不讓我領回女兒的遺體，我無法好好安葬她，我甚至不知如何哀傷，就這樣卡著。」

第一階段　規劃並進行一份完整的心理社會和致命性評估

在這個案例中，要進行完整的心理社會評估將會是個緩慢的過程。不過，在初次晤談中，可以先嘗試進行致命性評估和憂鬱篩檢。根據初步評估的結果，可以清楚了解到 Sherry 現在有十分嚴重的憂鬱症狀。考慮目前的情況，需要轉介 Sherry 給精神科醫生做進一步評估，以及考慮服用藥物的可能性。

第二階段　從心理層面接觸並且快速地建立關係

花時間與 Sherry 相處，將有助於關係的建立。以不批評的方式聆聽 Sherry 經歷的事件，會讓她有機會分享她覺得被卡住的部分。Sherry 表示，她被卡在心痛、失落的情緒和對不知名凶手的生氣、憤怒之中。向 Sherry 保證她現在正在度過一段很困難的階段，並且會有一段時間需要強大的支持力量，將可以開始建立未來會談的基礎，並建立心理上的接觸。

第三階段　檢視問題的層面以定義問題

在兩天後的第二次會談，Sherry 開始檢視自己的危機面向。她正在經歷認知失調（cognitive dissonance）的過程；據她描述，她的心思裡不斷奔騰著衝突、混亂的感覺，她不斷反問自己：誰是凶手？到底發生了什麼事？怎麼會發生？以及那無法回答的……為什麼？

她檢視的另一個面向是價值觀及信念的衝突。Sherry 說，她在成長過程中被教導的是，傷害人——任何一個人，都是錯誤的。她表示她失去了對公平、正確、預期性和安全的信念——這世界上沒有任何事情值得信任。

第三個面向是罪惡感及自責的感覺開始浮現。最初，譴責的矛頭被指向他人（例如，和 Anne 一起的那些女孩），接著朝向自我。

第四階段　鼓勵對感覺和情緒的探索

探索感覺及情緒對 Sherry 來說是有困難的，她說，一方面她知道這很重要，是必須要完成的；另一方面，她怕這麼做會讓她放下對女兒的掛念，而且她現在還做不到。隨著會談的進行，Sherry 說道：「其實我不想探索感覺，一部分的原因是因為我會害怕如果分享了我的想法，不知道你會怎麼看待我。」Sherry 分享了生氣、憤怒、挫折感、受傷及失落的感覺。她提到有很多人打擾，包含外人、家族成員、警察和媒體，她說：「這些人都無法了解我的痛苦，沒人能體會我正在經歷什麼。」花時間了解及處理這些感覺，將使得個案有能力可以進入探索過去因應方法的階段。

第五階段　探索並評估過去的因應嘗試

與 Sherry 探索先前對傷痛與失落的因應方式時，她能夠分享她的失落經驗以及因應失落的相關宗教和文化信念。從某個時刻開始，她開始笑著說：「嗯，好吧，至少會有很多精神糧食。」接下來，她開始試著與大家聯繫，但這個想法也觸發了她不知該如何回應家人及朋友的恐懼，雖然她應該「不會在這些人面前崩潰」。從這時起，這次會談的重點變成了建立行動計畫。

第六階段　透過履行行動計畫來修復認知功能

在建立行動計畫時，必須檢視個案對需求的定義。Sherry 最後表示她的確需要支持，但只要少數人支持就可以了；她還詢問可否限制參加葬禮的人數。她檢視了自己對死亡及葬禮儀式的看法。隨著 Sherry 開始了解在她處理失落的過程裡，會有人支持她用一種自己能掌握的方式進行，她也檢視了個人、家庭及社會的價值觀。這個計畫最後是找來一群她信任的親朋好友，一起來幫助她走過這段哀傷歷程。

第七階段　追蹤

在會談接近結尾時，我們排定了追蹤會談，來協助後續的哀悼階段。Sherry 手邊有份計畫書，當中包括了許多聯絡電話號碼，以及無論早晚隨時可以聯繫的診所以尋求支持的保證。此外，她手上也有一些支持團體及其他專業服務的資訊。目前已經安排了一個星期後的會面，以開始下一個階段的一連串會談。

急性創傷壓力管理的十個階段

許多危機介入的實務模式已經廣泛流傳多年（例如：Collins & Collins, 2005; Greenstone & Leviton, 2002; Jones, 1968; Roberts & Grau, 1970）。然而，有一個模式是以危機理論為基礎並拓展了創建者的開創性思維（Caplan, 1964; Golan, 1978; Lindemann, 1944）—— Roberts的七階段危機介入模式（R-SSCIM）（Roberts, 1991, 1995, 1998, 2005a），它代表了一個可廣泛運用在各類型危機的逐步實務範本。

很重要的是，認清時間上的限制和個案的反應強度都會有所不同，因此，適當的介入不一定會順利地以線性階段進展，照護者必須視當下情況保持彈性。

 評估自身和他人的危險／安全

抵達現場後，就現場情況做徹底評估。必須記住的重點如下：

- 永遠要安全第一。為現場的所有人員，包括危機工作者，評估

可能危及安全的事件情況。

- 進行分流並依照立即需求排列優先順序。分類包括健康照顧需求、心理衛生需求，以及為了避免進一步暴露在創傷之中而須立刻送離現場的人員。

考量傷害機轉

在進行初步的分流時，應該盡力：

- 確認受傷的性質和原因。
- 記錄初步的需求概念。
- 考慮個案的受傷性質或暴露程度。
- 從事件整體面向的脈絡來考量潛在的傷害影響（例如，失去意識的人可能有腦部創傷）。
- 評估事件可能造成的潛在心理影響。
- 檢視受害者對此經驗覺知到的影響，這可以透過詢問「這個事件中，哪一個部分是你覺得最糟糕的？」等問題來進行。受害者的回應可以包括視覺、聽覺、嗅覺和觸覺。
- 確定危機介入者需要接觸危機現場的程度。切記，暴露在特別可怕的災難中，可能會減弱危機工作者處理受害者緊急心理需求的能力。

評估反應強度

在因應危機情境時，確認個案的敏覺程度是很重要的。

- 受害者是否警覺？
- 他們是否知道自己身在何處？
- 個案是否有能力陳述當下的情況？
- 個案是否可以陳述對事件的身心反應？
- 個案的生命徵象是否升高？
- 生命徵象的升高是否來自生理或壓力反應？
- 個案是否受到情緒改變物質的影響？
- 個案是否曾在現場接觸有毒物質（如煙霧或化學物質）？
- 確定個體是否機敏且對言語刺激有所反應是很重要的。評估且記錄當下的心理狀態，並確認有保護措施。切記，在嚴重的危機或災害裡，驚嚇也許是種防護或緩和事件潛在影響的適應性反應。
- 檢視個案情緒反應，並和其他反應做對照，看看這些反應是類似、更好或更差（例如：那些似乎在壓抑反應的人也會很容易發展出急性壓力疾患）？這些資訊可能可以為急救和醫護人員在個案經歷緊急因應、醫療照顧、心理衛生照顧以及追蹤時的不同階段提供線索。

提供醫療需要

- 緊急救難人員應受過ABCs評估的訓練〔即維持暢通呼吸道（airway）、維持呼吸（breathing）、實施心臟按摩（circulation）〕。他們明白人若一旦停止了呼吸，就很難做其他事來幫助他。
- 緊急救難人員必須協助辨識重要症狀（如：嚴重胸口疼痛）並了解加以處置的重要性。

- 緊急救難人員也可以幫忙蒐集受害者的重要訊息，包括現有的醫療狀況（如：糖尿病）、藥物治療的需求，以及必備藥物的可利用性。
- 危機介入者應該不斷觀察個案，以評估並辨識可能會有生命威脅的傷勢（如：內出血）。
- 很重要的是，醫療處置應由受過訓練的急救醫療人員進行。危機工作者應盡力在任何情況下協助醫療及救難人員，即使是控制擁擠人潮或安撫受害者的親友，甚或是待在一旁不要礙事。
- 處理會危及生命的疾病和傷害，也有必要優先於心理需求。

觀察與鑑別

觀察並辨識曾暴露在事件裡的人，並確認立即性的照護需求，切記：

- 那些經歷情緒性危機的人並不一定是創傷事件的直接受害者；須注意其他間接或隱藏的受害者，特別是家庭成員、兒童和老年人。
- 確認創傷事件的波及程度，和一個曾經經歷創傷事件的人接觸，也可能造成創傷壓力。
- 找出那些展現或明確出現創傷壓力徵兆的人（例如：暗示有創傷壓力的情緒、認知、行為和生理反應）。
- 經常自我評估，或者與其他相關工作者檢核自己暴露於創傷壓力的程度。

 與個體產生連結

- 介紹你自己。
- 讓大家知道你的角色。
- 將生理健康無虞者帶離危機現場，以避免可能進一步受到創傷。
- 建立合作默契，嘗試了解並體會對方的情況。使用簡單的會談技巧，像是保持微笑或者是確認他們目前的狀況（如：詢問「你還好嗎？」）。
- 注意非語言訊息（例如：眼神的接觸，或者是談話時對方的身體是面向還是背對受害者）；解釋任何可能過度刺激對方的行為（像肢體接觸等）。
- 預期會有一連串的情緒反應，從抽離、退縮的反應到強烈的情緒表現（如：無法控制的哭泣、尖叫、痛苦、生氣或畏懼等等）。
- 透過自我檢核來確認你的連結程度，避免孤軍奮戰，並與其他危機工作者分享討論。

 讓個體沉穩下來

一旦與個體或一小群人有了連結（如眼神接觸、將身體轉向你、與你直接對話等等），就可以開始進行心靈沉澱的階段。

- 從事件的現實層面開始討論。
- 嘗試引導人們去討論事件相關的事實。

- 在認知層次處理這些情況。
- 不要限制情緒的表達；但是要聚焦在「此時此刻」的事實，並且強調事情的現實面。要知道知覺是很個人的；受害者的知覺可能因為事件的本質而籠罩著陰霾，要向受害者保證他或她現在是安全的。
- 試著減少因為「負向認知的預演歷程」（negative cognitive rehearsal processes）（即重複、潛在的毀滅性思考）所造成的再度創傷；將事件重新聚焦和重新架構，協助個案去面對且處理目前的現實狀況。
- 謹慎地探索事件本身（如讓個體進入情境）。鼓勵受害者去「說他的故事」，並且描述他們在哪裡、看見什麼、聽起來像什麼、聞起來像什麼、做了什麼，還有身體有什麼反應。鼓勵受害者去探索行為和生理的反應，而非僅僅是「感受」。

提供支持

通常在危機當中為直接或間接的受害者提供一些資訊，也等於提供他們另一種形式的支持。在面對危機的時候，大部分人對於如何因應其他人對苦痛的反應都是毫無準備。有些人或許把自己封閉起來，其他人或許會藉由公開表達情緒來因應。在提供支持時很重要的是，顧慮到每個個案的因應方法；這麼做可以讓危機介入者有最好機會來適當地著手處理個體的需要。受害者很可能會傾向於躲開，而危機介入者有可能會因為害怕接手他們無法處理的任務而傾向於逃避。一般而言，危機工作者合理地嘗試幫助他人，總是比逃避困難狀況來得好。危機介入者應該考量下列事項：

- 建立並維持樂於提供幫助的氛圍。
- 盡可能地去了解並尊重個體的獨特之處。
- 耐心地傾聽受害者的想法與感受。
- 努力地去培養一個能夠協助受害者在事件後建立控制感的環境。
- 支持個體去思考並表達他們的感受，盡可能讓受害者幫忙做一些簡單的任務（如：填寫戶籍資料表格）。
- 鼓勵受害者為彼此提供支持。
- 嘗試了解受害者的觀點。
- 盡可能地灌輸希望，但不要企圖去討論他們不會再感覺或經驗到的東西。
- 表達出你對於受害者經驗的理解。

在和兒童工作時：

- 如果他們身處於安全的環境，要盡可能使他們對自己的安全感到安心。
- 盡快將兒童帶離各種壓力源和難以承受的情境，包括無法承受情緒的成人。
- 根據兒童的發展階段和他們產生連結。
- 在適當的時候，握住或輕擁兒童，以協助他們在經歷危機事件時，感覺到安全且是被照顧的。
- 要明白兒童還沒辦法使用語言來表達自己的感受，所以在評估他們對危機事件的反應時，要從行為舉止的觀察中著手。

將反應正常化

危機介入的其中一個目標是讓人有機會表達想法和感受，以藉此提供支持。要完成這項工作，其中一部分的過程就是要將個體對危機的反應正常化。將個體反應正常化的目的是為了讓受害者放心，他所經驗到的各種感受、想法、情緒還有經驗，並不是心理疾病的前兆，反而是在面對特殊事件時都會有的自然反應。危機工作者應該考慮下列事項：

- 不要過度賦予同情是很重要的。
- 不要過度類化自己的經驗而說出像：「我知道那種感覺……就像我之前……」
- 試著去正常化與肯定個案的經驗，可以說像是：「我看到現在的狀況對你來說是很困難的……目睹發生過的事，對任何人來說都難以面對。」
- 提供面對危機時會出現的典型認知、行為和生理反應的相關知識教育，包括人們通常在創傷事件中會如何反應。
- 討論個體經驗到的各種反應。

為未來做準備

在急性創傷壓力管理（ATSM）的最後一個階段，我們要協助個體邁向後續階段，以下的工作內容將對此階段很有幫助：

- 回顧危機事件的已知部分；

- 將個人帶回當前的現實中；
- 描述在未來可能發生的事情；
- 避免不加思索地做出不符合現實的評論，例如：「一切都會沒事的」、「一切都會順利過去的」，就長遠來說，這樣的話也許沒錯，但可能會被受害者認為是在對情況打折扣；
- 聚焦於當下現實，以及整個危機介入歷程中建立的氛圍。提供一個支持性的陳述，例如：「我很榮幸有這個機會，能夠與你一起度過這個艱困的時刻。」請謹記，急性創傷壓力管理只是解決危機的第一步。危機的受害者，在未來幾天、幾週甚至幾年內，都將需要持續付出很大的努力。

危機事故壓力減壓模式

 什麼是危機事故壓力減壓（Critical Incident Stress Debriefing, CISD）？

從 1970 年代晚期到 1980 年代早期，協助受害者的社會運動已經受到前所未有的正面關注，並且隨著美國各州與聯邦立法的通過，在為身心受創或受害者提供資源與服務的相關法令，也獲得長足的進步（Davis & Nolen-Hoeksema, 2001; Young, 1994）。

減壓（debriefing）是一門獨特的技術，用來協助受害者以外的人處理通常和創傷暴露有關的生理和心理症狀。減壓讓那些和事故相關的人有機會去消化事件本身，並反映其衝擊。理想狀態中，減壓可以在事件現場或附近場所進行（Davis, Nolen-Hoeksema, & Larson, 1998; Mitchell, 1983, 1986）。需要進行減壓的情況可能包括：

- 在工作場域中有同事死亡；
- 兒童的重大傷亡；

- 多人死亡或重大傷害事件的倖存者；
- 自殺未遂或成功；
- 自然災害；
- 導致死亡、永久性損傷及其他高度衝擊情緒的不幸事故；
- 使用致命武器；
- 怪異的傷害事件；
- 恐怖主義活動；
- 導致死傷的暴力行為；
- 目睹任何創傷事件。

化解壓力（defusing）是 CISD 的第二個要素，可以促進宣洩與危機事件相關的情緒與想法。減壓和化解壓力被認為在危機事件發生後的 24-72 小時內實施是最有效的，因此，在暴露於事件後與實施 CISD 之間的時間，對於結果的整體效應是極為重要的。化解壓力的可預期結果包括：

- 快速減少對創傷事件的強烈反應；
- 將經驗「正常化」，好讓人們可以盡快回歸工作崗位；
- 重新建立團體的社交網絡，以避免人們孤立他們自己；
- 提供急性壓力的訊息，以及一些如何將之減輕的小叮嚀；
- 評估團體的反應，來決定是否需要更完整的減壓計畫。

運用減壓技術的果效研究中指出，在事件後的 24-72 小時內接受 CISD 的人，無論是短期或長期，都會經驗到較少的危機反應或者是心理性創傷（Mitchell, 1988）。一份引用了十一個研究（N = 2,124）的後設分析，針對醫療病患的個人危機介入的影響，獲得顯

著的整體中度效量 $d = 0.44$。危機介入在創傷後壓力症狀（$d = 0.57$）與焦慮症狀（$d = 0.52$）上的效果最好（Stapleton, Lating, Kirkhart, & Everly, 2006）。

研究也分析了一些特定的調節因子，像是單一或多次會談、單一或多項介入要素，以及介入者的訓練程度。總而言之，結果支持讓受過高度訓練的介入工作者持續提供多次會談的介入，以減輕創傷事件後的創傷後症狀（Stapleton et al., 2006）。此外，那些沒有接受 CISD 的人，如：緊急服務人員、搜救人員、警察和消防人員，以及創傷倖存者，都會是高風險族群，可能發展出作者在文章中概列的諸多臨床症狀（Davis, 1992; Mitchell, 1988）。

CISD的方法採用了一套包含七個部分的模式，以便在與人為、自然或工業災害的因應人員或倖存者工作時，作為一套一般性的指引。團體可以由一位受過訓練的「緊急危機介入因應專家」來帶領，他將會就危機的影響做出摘要式的初步「評估」。這份初步評估將仔細檢視危機事件本身以及發生期間或之後的支援人員程度，以估計事件對倖存者和支援人員的潛在影響（Mitchell, 1986, 1988）。

CISD 的七項關鍵

1. 評估危機事件對於倖存者與支援人員的影響。

   任務：評估個體的情境參與程度、年齡、發展階段和暴露於危機事件的程度。

2. 鑑別有關「個人安危」與「整體安全」問題的立即性議題。

   任務：完成個人安危與整體安全議題相關的危險因子分析，特別是關於兒童與脆弱族群的部分。

3. 使用化解壓力的策略，使人能夠宣洩事件相關的想法、情緒和經驗，並且對於可能出現的反應予以「接納」。

   任務：協助受害者**宣洩與接納**（ventilation and validation）的歷程，可以特別設計能夠滿足個別需求的方法。在宣洩和接納的過程會討論到危機與創傷受害者的暴露程度、感覺經驗，以及與事件相關的想法與感受。

4. 預測危機過後可能會發生的事件與反應。

   任務：減壓活動帶領者將協助危機受害者和／或支持人員準備並預先考慮後續的步驟。其中包括提供有關危機歷程與反應的教育，包含潛在情緒反應的討論，以及在暴露於創傷後可能經驗到的情境反應（例如：高度的驚嚇反應、過度警覺和難以入睡等）。透過教育與準備工作，來面對環繞在危機事件時可能出現的潛在身心反應，減壓活動帶領者也可以幫助倖存者建立一個中期、甚或長期的復原計畫。

5. 進行一次「危機事件的系統性回顧」，以及其對倖存者在情緒、認知和生理上的衝擊。找出對危機或創傷適應不良的行為或反應。

   任務：完善並徹底地進行一個危機事件對個體生理、情緒、心理衝擊的評估。在蒐集事件資訊和受害者經驗時，減壓活動帶領者應注意傾聽，以評估受害者的想法、心情、感情、用字遣詞、覺知，並就管理和因應悲劇事件找出可能的問題，然後從短、中、長期的照顧計畫去著手處理。

6. 為事件「收尾」。幫助支援人員跟倖存者「鞏固」或「連結」社區資源，以開啟重建的歷程（亦即幫忙從事件中找出正向經驗）。

   任務：提供危機受害者可以使用的後續支持服務與資源的相關資訊。建立一個未來行動的支持計畫，來幫助他們在危機事件後的高壓狀況下「穩固」或「連結」個人。

7. 減壓可以協助個體「重返」社區或工作場合的歷程。減壓可以視狀況在大團體、小團體，甚或一對一的情境下進行。減壓並不是一個提出批評的時候，而是一個對於危機事件前、中、後的系統性回顧。

   任務：徹底回顧一個環繞著創傷情境的事件，將會為療癒的歷程帶來一個好的開始。

多元的危機事件壓力管理

我們只需要打開報紙，就能知道為什麼需要有效因應危機的能力。世界各地的危機狀況正在增加，從人為的災禍，如：戰爭、火災、房屋倒塌、恐怖炸彈攻擊、化學攻擊，到似乎越來越常見的自然災害，如：龍捲風、颶風、冰風暴、大風雪、土石流、水災、海嘯。

> 危機介入已然成為世界上最被廣泛運用的短期治療模式。由於危機介入與危機事件壓力管理的推動，讓數百萬人在危機狀況下能獲得最符合成本效益也最及時的幫助。危機服務和單位的逐漸發展，反映了公共衛生和心理衛生人員越來越注意社區危機服務的重大需求。
>
> （Roberts, 2005c, pp. 6, 32）

雖然大部分的緊急狀況是由地方處理，但需要發展一個系統化／標準化的危機與災害管理方法的意識正在抬頭；當重大事故出現時，可能會需要來自其他轄區的幫助。在各式各樣的社區與職業環境中，通常會建議、甚至必須安排危機介入計畫（Everly & Mitchell, 1997）。為此，聯邦救難總署建立了一套國家事故管理系統（National Incident Management System, NIMS）。NIMS 的發展是為了讓來自不同轄區、不同專業背景的因應人員能夠更流暢地合作，以因應自然災害和包括恐怖主義行動的緊急事件。這個組織負責監管 NIMS 的發展策略方向並監督自身機構，其重點則將致力於事件因應系統的持續精緻化。

NIMS 的建立將會影響許多與安全緊密相關的體系，如航空公司、鐵路及海洋運輸系統、能源系統、火災和緊急因應人員、醫院。舉例而言，醫院自 2009 年起需符合災難因應的嚴格標準，以作為醫院聯合委員會認證（Joint Commission Certification）的一部分。為了強調這個措施的重要性，聯合委員會頒布了一章全新的相關要求和勝任能力規範，將由醫院在災難因應歷程上展示，以符合新的醫院認證（The Joint Commission, 2008）。

 危機事件壓力管理概要

危機事件壓力管理（Critical Incident Stress Management, CISM）是一個全面性整合且多元的危機介入系統。它之所以被視為一個全面性的危機管理方案，乃是因為它包含了多種危機介入元素與歷程。CISM 是特別設計來涵括所有的危機類型，範圍包含了危機前的階段到緊張的危機當時，之後也深入危機後的階段。最後一個讓 CISM 成為全面性設計的要素，就是它是一個設計來應用在個人、小型功能性團體、大團體、家庭成員、機構組織甚至社區的全面性介入歷程。CISM 因著其全面性的設計和運用觀點，創造了一個符合成本

效益的功能性方案，可以管理在小型功能性團體、大團體、家庭成員、機構組織，甚至社區裡發生的危機事件（Everly & Mitchell, 1997）。Everly 和 Mitchell（1997）將 CISM 的七個核心要素定義為：

1. **危機前準備：**包含壓力管理教育、壓力抵抗、為個人跟組織做的緩解危機訓練。

   時機：危機前階段。

   啟動：預期有危機時。

   目標：發展相關預測，改善因應和壓力管理歷程。

   形式：團體組織性的。

2. **災難或大規模事故，以及學校和社區的支援計畫：**包含解除動員、訊息簡報、「市民大會」、工作人員諮詢。

   時機：危機後，或者值勤完畢時。

   啟動：事件導向。

   目標：告知、諮詢、提供／支持心理減壓、提供壓力管理。

   形式：大團體、組織性的。

3. **化解壓力：**這是個三階段的結構性小團體討論，會在危機後的幾小時內進行，其目的在評估、分流並緩和急性症狀。

   時機：危機後（12 小時之內）。

   啟動：通常為症狀導向。

   目標：緩解症狀，做可能的結束、支援分流程序。

   形式：小團體。

4. **危機事故壓力減壓（CISD）：**指的是「米契爾模式」（Mitchell model）（Mitchell & Everly, 1996）的七階段結構性團體討論，通常會進行 1- 10 天，並設計來減輕急性症狀，評估追蹤的需求，及可能的話，在危機後從心理層面做一個結束。

時機：1-7 天。

啟動：通常為症狀導向，但也可以是事件導向。

目標：促進做一個心理上的結束，給予結束、緩解症狀，和支援分流程序。

形式：小團體。

5. **一對一的危機介入／諮商或心理性支持**：包含所有程度和範圍的危機。

時機：任何時間、任何地點。

啟動：症狀導向。

目標：症狀緩解，可能的話要回歸日常功能，視需要做轉介。

形式：個別。

6. **家庭危機介入，以及機構的諮詢**。

時機：任何時間。

啟動：症狀或事件導向。

目標：培養支持、溝通、症狀緩解，依需求做結束、視需要做轉介。

形式：機構組織。

7. **追蹤和轉介機制**：視需要給予評估以及治療。

時機：任何時間。

啟動：通常為症狀導向。

目標：評估心理狀態，獲得更高層次的照護。

形式：個別和／或家庭。

CISM 代表了一個經過整合的多元危機介入系統，這個系統的方法及有效性乃視模式的運用得當與否。使用綜合性多元危機介入的重要性是不容小覷的。CISM 的介入歷程是專門為了讓穩定危機與緩解症狀能出現最大的功效而設計的。舉例來說，Snelgrove（1998）就曾經挑戰過 CISD 團體介入的功效，然而，在清楚的證據支持下，運用得當時的方法有效性（Everly, Boyle, & Lating, 1999; Everly & Boyle, 1997; Everly & Mitchell, 1997; Flannery, 2001; Nathan, 2004; Rose, Brewin, Brewin, & Kirk, 1999），讓 CISM 成為危機因應時一種強力且符合成本效益的方法（Everly & Mitchell, 1997; Roberts & Everly, 2006; Flannery, 2001）。

Roberts 和 Everly（2006）曾就危機介入的研究文獻進行探索性的後設分析，並評估了最為普遍使用的危機介入治療模式。探索性後設分析顯示了高平均效量，表示無論是身處急性危機或有創傷症狀的成年人，和在急性危機中的虐待家庭，都可以用密集的危機介入和多元 CISM 來幫助相當多數的個案。總括來說，最主要的發現是，持續 1-3 個月進行 8 小時的在宅危機介入（in-home crisis intervention）是非常有效的；多元的 CISM 以及 4-12 次的危機介入也同樣有效，但略微遜色。

CISM 的基礎和根源可以回溯自 1970 年代後期的緊急服務專業，如今，CISM 已經成為許多學校、社區以及緊急服務領域外的機關單位的「標準照護方式」。CISM 和全世界都將持續發展危機事件管理的相關理解。事實上，要在面對危機的當下進行評估，好聽一點可以說是困難，但說難聽一點則是沒有意義，因為，不論是危機介入或傳統的研究方法，其最終結論都產生深具挑戰性的相關討論和潛在的異議。不過從現有知識來看，有效運用 CISM 模式，將可以在危機事件壓力管理中，作為一個系統性、結構化的標準化方法，為現在和未來的危機介入者提供寶貴的技巧。

第 32 章

臨床醫護人員的壓力和耗竭症狀的徵兆

從 1940 年代以來，許多來自不同領域的專業人士已經著手研究來自自然災害的壓力，對倖存者的身心健康有何影響。研究者發現，暴露在各類自然災難的救災人員中，有一些也可能會發展出心理傷害，如：重度憂鬱症、長期焦慮，和創傷後壓力疾患（PTSD）。然而，隨著災難的心理社會效應的相關研究逐漸進展，我們也對影響心理傷害發生率的因子有越來越多的認識。其中主要的決定因素之一，便是個體在災難中的經驗：

- 他們是否直接或間接地為救災工作所苦？
- 他們是否直接暴露在苦難、死亡和肢解的經驗中？
- 他們本身是否受傷，還是目睹到其他人受害？

危機介入者和救災人員的壓力反應

危機介入者和救災人員不能免於壓力的作用和壓力反應。每一個個體會用非常不同的方式去反應不同的狀況，端賴危機的嚴重程度、危機對危機介入者、家庭、朋友、機構組織的意義而定。然而，有些徵兆和症狀是和適應不良的反應有關。症狀較常出現在危機介入者或災難工作者的新手身上，因為經驗豐富的專業人員已經在壓力情境下工作多時，而發展並精練出對應壓力情境之因應機制。不過，有時候，災難或危機工作者暴露於危機情境後出現的症狀，會嚴重到無法用一般的壓力管理技巧加以因應，而且不會隨著時間而消解。

與適應不良的壓力反應相關之因子，包括事件的持續時間和嚴重程度。危機介入者或災難工作者所經驗到的事件強度，應該被視為發展出適應不良的壓力反應之促成因子，這是一個高度主觀的因子，因為並非所有人對於相同事件都會有同等強度的反應。然而，針對災難工作者對於其經驗到的事件之主觀反應予以理解與回應是重要的。最後，則是任何可能減弱危機介入者在工作、家庭或社會環境功能的情況，例如：與危機或災難情境有關的侵入性思考。侵入性思考的症狀可能反映了正浮現出來的焦慮疾患。應考慮將提出這類症狀的個案轉介接受心理衛生協助。與適應不良的壓力反應相關之常見心理、情緒、認知、行為和生理的反應列述如下。

❖心理／情緒反應❖

- 焦慮和害怕；
- 擔心自己或他人的安全；
- 坐立不安；
- 感到不堪負荷、沒有希望，或無法完成手邊的工作；
- 感到孤立、迷惘，以及不確定是否有能力因應；

- 感到被遺棄；
- 認同倖存者；
- 悲傷；
- 哀傷；
- 憂鬱；
- 心情起伏；
- 易怒；
- 焦急；
- 否認；
- 憤怒；
- 栩栩如生的危機情境夢境；
- 罪惡或「倖存者罪惡感」。

❖認知功能❖

- 混亂且失序的思考歷程；
- 記憶問題，尤其是短期記憶的喪失；
- 思考緩慢；
- 理解能力降低；
- 難以排定優先順序；
- 難以做出決定；
- 注意力廣度受限；
- 專心程度降低；
- 失去客觀性；
- 思緒被危機或災難情境占據；
- 對於幸福感到不確定。

❖ 行為 ❖

- 活動習慣改變；
- 效率和效益降低；
- 溝通上產生困難；
- 不當使用幽默感的情形增加；
- 情緒增強（對於外在的刺激有過度或不足的反應）；
- 過動（hyperactivity），無法休息；
- 飲食習慣改變；
- 失眠或嗜睡；
- 因無法專心而使工作表現變差；
- 飲酒量增加；
- 吸菸量增加；
- 依賴睡眠藥物、止痛藥或高劑量的咖啡因；
- 傾向於社交孤立；
- 溝通模式有不尋常的改變（例如：從外向變成孤僻和沉默）；
- 過度警覺；
- 避開會觸發記憶的活動或地方。

❖ 生理反應 ❖

- 生命徵象升高（例如：心跳、呼吸、血壓）；
- 顫抖（手、唇）；
- 肌肉抽搐；
- 頭痛、背痛、過度疲累；
- 較容易得到傳染性疾病、感冒、流感；

- 肌肉疼痛；
- 腸胃問題（例如：胃部不適、噁心、腹瀉）；
- 胃口改變，體重減輕或增加；
- 流汗或打寒顫；
- 感到協調能力不佳；
- 誇張的驚嚇反應；
- 月經週期改變；
- 性需求上的改變；
- 失樂症（anhedonia）（無法經驗樂趣）。

有一些危機介入者或救災工作者面對壓力源而經驗到的生理反應須立即就醫，包括：

- 胸痛；
- 不規則的心跳；
- 異常高的血壓；
- 身體有部分麻木或癱瘓；
- 呼吸困難；
- 昏倒或暈眩；
- 崩潰；
- 頻繁的噁心、嘔吐；
- 血便。

第 33 章

為危機或救災工作的臨床工作者提供的壓力減輕和因應技巧

另一個維持危機和救災工作者心理健康之重要因子是，透過為危機／救災工作者維護一個一貫的照護環境以提供結構。以下是提供給心理健康工作人員，在進行災難工作時管理壓力之建議。

- 可以的時候，應限制輪班工作的時間長度。理想上，危機工作者的排班時間不應超過 6-8 小時。在災難情境中，那些需要輪班的人也應將排班時間限制為最多 10-12 小時。工作的輪班時間越長，就應該提供更長的休假時間（例如：若是輪完一次 12 小時的班，則應該可以休假 12 小時）。
- 每一個排班時間開始時，都應該簡報更新上一個排班時間內之狀況和重大事件；溝通在危機和災難情境中是很關鍵的。維護一份來電者、情況和所採取行動的記錄，將有助於溝通的過程。了解上一輪班時的事件和介入方式，能夠為可能遇到的問題範圍預作準備。
- 永遠不要單獨工作；與同事維持一個「夥伴」機制。夥伴機制在危機和災難工作中有雙重的功能。第一個功能是在費力和困難的談話、介入與介入過程中提供支持。第二個功能則是注意夥伴的工作狀況、疲累程度和壓力症狀。支援心理健康是每位工作者的職責，而關注你的團隊運作狀況，並且在同儕對於過度疲累和壓力表達擔心時，聽從同儕的警告，也是同樣重要的。

- 盡可能地維持正常的飲食時間。很多時候，危機工作者的腎上腺素會導致他們沒有胃口。很重要的是要記得，就算個體不感到飢餓，也需要經常進食，少量食用健康的點心。避免食用過量的糖分、脂肪和咖啡因。這些可能會短暫地帶來能量，但長時間奮戰的時候，糖分與咖啡是會降低效力的。記得補充水分，多喝清透的液體，水和果汁是較合適的（**注意：若工作者已經習慣了大量的咖啡因，現在也不是停止攝取咖啡因的時機。嘗試維持正常的食物和咖啡因攝取量就好**）。
- 定時離開工作崗位稍作休息。嘗試做些活動和運動、散散步、伸展變得緊繃的肌肉、呼吸一些新鮮空氣。離開 10 分鐘就可以恢復精力、補充能量。在最低的標準，每 4 小時都應有一次休息；2 小時休息一次是最理想的，但不一定總是可行。
- 維持一個相互合作的工作環境。支持同儕，且在必要時提供有建設性的評論。做得很好的地方，就給同仁一個應得的鼓勵。在工作情境中，做一些體貼的小舉動，像是休息回來時帶回點心，或暫代工作，讓同事短暫休息。
- 盡可能維持一個乾淨、不雜亂的工作空間，將噪音盡可能降到最低。記得，與危機受害者工作時，需要一個安全且盡可能讓人放鬆的環境。
- 幫助他人保持注意力的集中；及時提供訊息，不要打斷會談，並與各單位與專業部門一起合作，以促進交接工作時的溝通。

- 在緩解壓力與緊張時，幽默感可以是個有效的工具。然而，要謹慎使用——危機受害者正處於過度敏感的情緒狀態，而不會與危機工作者有相同的觀點。需要避免用「黑色幽默」來釋放壓抑。
- 每一次的排班時間結束時，都應與開始時一樣，要回顧此次排班的狀況、情勢發展、受到協助的人、尚未完成的工作，以及檢視潛在的問題範圍。完整且可信的交接溝通，密切關係著災難介入和救災。專注於細節並盡可能提供所有需要的資訊，但也不要多到讓同事被細節淹沒。

當排班結束時：

- 花幾分鐘與同事討論這一天，聆聽、分享你的想法，並就同儕已經完成的工作給予支持。
- 花時間休息並在下班後有些獨處的時間。
- 未值勤時，做些能讓你的頭腦清空的休閒活動。這可能包括與朋友在一起、聽音樂、靜坐、閱讀、看電影、散步或單純地睡個小覺。
- 招待自己吃最喜歡的餐點、去按摩，或是好好泡個熱水澡。

確保自己能休息，並有足夠的時間睡覺。睡眠不只能夠讓身體功能恢復，也能夠幫助消化在危機工作中所經歷的情況。學習並練習放鬆的技巧以幫助入睡。

參考文獻

Ackard, D. M., & Neumark-Sztainer, D. (2002). Date violence and date rape among adolescents: Associations with disordered eating behaviors and psychological health. *Child Abuse and Neglect, 26*(5), 455–473.

Aguilera, D. C., & Messick, J. M. (1982). *Crisis intervention: Theory and methodology*. St. Louis, MO: C.V. Mosby.

American College of Emergency Physicians (ACEP). (2008). *Psychiatric and substance abuse survey*. Washington, DC: American College of Emergency Physicians.

American Psychiatric Association. (1994). *Diagnostic and statistical manual of mental disorders* (4th ed.). Washington, DC: American Psychiatric Association.

American Psychiatric Association. (2004). *Diagnostic and statistical manual of mental disorders (DSM-IV)* (4th ed.). Washington, DC: American Psychiatric Association.

American Psychiatric Association. (2004). *Treatment of patients with acute stress disorder and posttraumatic stress disorder*. Retrieved April 28, 2008, from http://www.psychiatryonline.com/pracGuide/pracGuideTopic_11.aspx

American Psychiatric Association, Steering Committee on Practice Guidelines. (2003). *Practice guideline for the assessment and treatment of patients with suicidal behavior*. Washington, DC: American Psychiatric Association.

Andersen, T. (1987). The reflecting team: Dialogue and meta-dialogue in clinical work. *Family Process, 26*, 415–428.

Archer, J. (1999). *The nature of grief: The evolutions and psychology of reactions to loss*. New York: Routledge.

Badolata, E. (2001). How to combat terrorism: Review of United States terrorism policy. *World and I, 16*(8), 50–54.

Baldwin, B. A. (1978). A paradigm for the classification of emotional crisis: Implications for crisis intervention. *American Journal of Orthopsychiatry, 48*, 538–551.

Basile, K. C., & Saltzman, L. E. (2006). *Sexual violence surveillance: Uniform definitions and recommended data elements, version 1.0*. Atlanta: Centers for Disease Control and Prevention, National Center for Injury Prevention and Control. Retrieved May 14, 2008, from http://www.cdc.gov/ncipc/dvp/SV/svp-consequences.htm

Boscarino, J. A., Adams, R. E., & Figley, C. R. (2004). Mental health service use 1-year after the World Trade Center disaster: Implications for mental health care. *General Hospital Psychiatry*, *26*, 346–358.

Boscarino, J. A., Adams, R. E., & Figley, C. R. (2005). A prospective cohort study of the effectiveness of employer sponsored crisis interventions after a major disaster. *International Journal of Emergency Mental Health*, 7(1), 9–22.

Brent, D., Erkind, S., & Carr, W. (1992). Psychiatric effects of exposure to suicide among the friends and acquaintances of adolescent suicide victims. *Journal of the American Academy of Child and Adolescent Psychiatry*, *31*, 629–640.

Briere, J. N., & Zaidi, L. (1989). Sexual abuse histories and sequelae in female psychiatric emergency room patients. *American Journal of Psychiatry*, *146*, 1602–1606.

Burgess, M. (2003). *Terrorism: The problems of definition*. Retrieved June 7, 2005, from Center for Defense Information Web site: http://www.cdi.org/

Burgess, A. W., & Hartman, C. R. (1997). Victims of sexual assault. In A. W. Burgess (Ed.), *Psychiatric nursing: promoting mental health* (pp. 425–437). Stamford, CT: Appleton & Lange.

Burgess, A. W., & Roberts, A. R. (2005). Crisis intervention for persons diagnosed with clinical disordes based on the stress-crisis continuum. In A. R. Roberts (Ed.), *Crisis intervention handbook* (pp. 120–139). New York: Oxford

Califano, A. J. Jr., Chairman and President The National Center on Addiction and Substance Abuse at Columbia University. (2002, February 06). Statement on release of Teen Tipplers: America's Underage Drinking Epidemic.

Cannon, W. B. (1915). *Bodily changes in pain, hunger, fear and rage: An account of recent researches into the function of emotional excitement*. New York: Appleton.

Cannon, W. B. (1927). *A laboratory course in physiology*. Cambridge, MA: Harvard University Press.

Caplan, G. (1964). *Principles of preventive psychiatry*. New York: Basic Books.

Carlson, B. E., & McNutt, L. (1998). Intimate partner violence: Intervention in primary health care settings. In A. R. Roberts (Ed.), *Battered women and their families* (2nd ed., pp. 230–270). New York: Springer.

CDC. (2007, November). *Sexually Transmitted Disease Surveillance, 2006*. Atlanta: US Department of Health and Human Services.

CDC. (2008). *HIV/AIDS Surveillance Report, 2006. Vol. 18*. Atlanta: US Department of Health and Human Services.

CDC Rape Fact Sheet. (2008). Retrieved May 14, 2008, from http://www.cdc.gov/ncipc/factsheets/rape.htm

Centers for Disease Control and Prevention. (2006). Youth risk behavior surveillance—United States, 2005. *MMWR*, *55*(SS–5), 1–112.

Chemtob, C. M., Nakashima, J., & Carlson, J. G. (2002). Brief-treatment for elementary school children with disaster-related PTSD: A field study. *Journal of Clinical Psychology*, *58*, 99–112.

Chemtob, C. M., Tolin, D., van der Kolk, B., & Pitman, R. (2000). Eye movement desensitization and reprocessing. In E. B. Foa, T. M. Keane, & M. J. Friedman (Eds.), *Effective treatments for PTSD: Practice guidelines from the International Society for Traumatic Stress Studies* (pp. 139–155, 333–335). New York: Guilford Press.

Chrousos, G. P., & Gold, P. W. (1992). The concepts of stress and stress system disorders; overview of physical and behavioral homeostasis. *Journal of the American Medical Association*, *267*, 1244–1252.

Cocoran, J., & Roberts, A. R. (2000). Research on crisis intervention and recommendations for further research. In A. R. Roberts (Ed.), *Crisis intervention handbook: Assessment, treatment and research* (2nd ed., pp. 453–486). New York: Oxford University Press.

Collins, B. G., & Collins, T. M. (2005). *Crisis and trauma: Developmental-ecological intervention*. Boston: Lahaska Press.

Cook, R. L., Sereika, S. M., Hunt, S. C., Woodward, W. C., Erlen, J. A., & Conigliaro, J. (2001). Problem drinking and medication adherence among persons with HIV infection. *Journal of General Internal Medicine*, *16*, 83–88.

Davidson, L., Rosenberg, M., Mercy, J., Franklin, J., & Simmons, J. (1989). An epidemiologic study of risk factors in two teenage suicide clusters. *Journal of the American Academy of Child and Adolescent Psychiatry*, *262*, 2687–2692.

Davis, J. A. (March, 1993). On-site critical incident stress debriefing field interviewing techniques utilized in the aftermath of mass disaster. Training Seminar to Emergency Responders and Police Personnel, CA: San Diego.

Davis, C. G., & Nolen-Hoeksema, S. (2001). Loss and meaning: How do people make sense of loss? *American Behavioral Scientist*, *44*(5), 726–741.

Davis, C. G., Nolen-Hoeksema, S., & Larson, J. (1998). Making sense of loss and benefiting from the experience: Two construals of meaning. *Journal of Personality and Social Psychology*, *75*, 561–574.

DeJong, P., & Berg, I. K. (1998). *Interviewing for solutions*. Pacific Grove, CA: Brooks/Cole.

DeJong, P., & Miller, S. D. (1995). How to interview for client strengths. *Social Work*, *40*, 729–736.

DeShazer, S. (1988). *Clues: Investigating solutions in brief therapy*. New York: Norton.

DiGiovanni, C. (1999). Domestic terrorism with chemical or biological agents: Psychiatric aspects. *The American Journal of Psychiatry*, *156*, 1500–1505.

Dziegielewski, S. F., & Sumner, K. (2002). An examination of the American response to terrorism: Handling the aftermath through crisis intervention. *Brief Treatment and Crisis Intervention, 2*, 287–300.

Eaton, Y., & Ertl, B. (2000). The comprehensive crisis intervention model of Community Integration, Inc. crisis services. In A. R. Roberts (Ed.), *Crisis intervention handbook: Assessment, treatment and research* (2nd ed., pp. 373–387). New York: Oxford University Press.

Eaton, D., Kann, L., Kinchen, S., Shanklin, S., Ross, J., Hawkins, J., et al. (2008). Youth risk behavior surveillance—United States, 2007. *MMWR. Surveillance Summaries: Morbidity and Mortality Weekly Report. Surveillance Summaries/ CDC, 57*(4), 1–131.

Egan, G. (2002). *The skilled helper* (7th ed.). Belmont, CA: Wadsworth.

Elliot, G. R., & Eisdorfer, C. (1982). *Stress and human health.* New York: Springer.

EMDR Institute, Inc. Retrieved May 5, 2008, from www.emdr.com

Erikson, E. (1963). *Childhood and society* (2nd ed.). New York: Norton.

Everly, G. S., & Boyle, S. (1997, April). CISD: A meta-analysis. *Paper presented to the 4th World Congress on Stress, Trauma, and Coping in the Emergency Services Professions*. Baltimore, MD.

Everly, G. S., Boyle, S. H., & Lating, J. M. (1999). The effectiveness of psychological debriefing with vicarious trauma: A meta-analysis. *Stress Medicine, 15*, 229–233.

Everly, G. S., & Mitchell, J. T. (1997). *Critical incident stress management (CISM): A new era and standard of care in crisis intervention.* Ellicott City, MD: Chevron.

Ewing, C. P. (1978). *Crisis intervention as psychotherapy.* New York: Oxford University Press.

Fairchild, T. N. (1986). Crisis intervention Strategies for school-based helpers. Springfield, IL: Charles C Thomas.

Faravelli, C., Giugni, A., Salvatori, S., & Ricca, V. (2004). Psychopathology after rape. *American Journal of Psychiatry, 161*(8), 1483–1485.

Felitti, V. J., Anda, R. F., Nordenberg, D., Williamson, D. F., Spitz, A. M., Edwards, V., et al. (1998) Relationship of childhood abuse and household dysfunction to many of the leading causes of death in adults: The adverse childhood experiences study. *American Journal of Preventive Medicine*, 14, 245–258.

FEMA. (2003). *Reference manual to mitigate potential terrorist attacks against buildings.* Retrieved June 1, 2008 from http://www.fema.gov/library/viewRecord.do?id=1559

Fisher, B. S., Cullen, F. T., & Turner, M. G. (2000). *The sexual victimization of college women.* Washington, DC: Department of Justice (US), National Institute of Justice. Publication No.: NCJ 182369.

Flannery, R. B., Jr. (2001). Assaulted staff action program (ASAP): Ten years of empirical support for critical incident stress management (CISM). *International Journal of Emergency Mental Health, 3*, 5–10.

Fleming, D. T., & Wasserheit, J. N. (1999). From epidemiological synergy to public health policy and practice: The contribution of other sexually transmitted diseases to sexual transmission of HIV infection. *Sexually Transmitted Infections, 75*, 3–17.

Fleming, S. J., & Belanger, S. K. (2002). Trauma, grief, and surving childhood sexual abuse. In R. A. Neimeyer (Ed.), *Meaning reconstruction and the experience of loss.* Washington, DC: American Psychological Association.

Foster, S., Vaughan, R., Foster, W., & Califano. J. A., Jr. (2003). Alcohol consumption and expenditures for underage drinking and adult excessive drinking. *JAMA: Journal of the American Medical Association, 289*(8), 989–995.

Freyd, J., Klest, B., & Allard, C. (2005). Betrayal trauma: Relationship to physical health, psychological distress, and a written disclosure intervention. *Journal of Trauma & Dissociation: The Official Journal of the International Society for the Study of Dissociation (ISSD), 6*(3), 83–104.

Golan, N. (1978). *Treatment in crisis situations.* New York: Free Press.

Greene, G. J., Lee, M., Trask, R., & Rheinscheld, J. (2005). How to work with clients' strengths in crisis intervention. A solution-focused approach. In A. R. Roberts (Ed.), *Crisis intervention handbook* (pp. 3–34). New York: Oxford University Press.

Greenstone, J. L., & Leviton, S. C. (2002). *Elements of crisis intervention: Crises and how to respond to them* (2nd ed.). Pacific Grove, CA: Brooks/Cole.

Haddy, R. I., & Clover, R. D. (2001). The biological processes in psychological stress. *The Journal of Collaborative Family Healthcare, 19*(3), 291–299.

Hill, R. (1949). *Families under stress.* New York: Harper & Row.

Holmes, M. M., Resnick, H. S., Kilpatrick, D. G., & Best, C. L. (1996). Rape-related pregnancy: Estimates and descriptive characteristics from a national sample of women. *American Journal of Obstetrics and Gynecology, 175*, 320–324.

Horowitz, M. (1976). Stress response syndrome, character style and dynamic psychotherapy. *Archives of General Psychiatry, 30*, 768–781.

Humphrey, G. M., & Zimpfer, D. G. (1996). *Counselling for grief and bereavement.* London: Sage.

Jewkes, R., Sen, P., & Garcia-Moreno, C. (2002). Sexual violence. In E. Krug, L. L. Dahlberg, J. A. Mercy, et al., (Eds.), *World report on violence and health.* Geneva (Switzerland): World Health Organization, pp. 213–239.

Jobes, D. A., & Berman, A. L. (1996). Crisis assessment and time-limited intervention with high risk suicidal youth. In A. R. Roberts (Ed.), *Crisis management and brief treatment: Theory, practice and research* (pp. 53–69). Chicago: Nelson-Hall.

Jobes, D. A., Berman, A. L., & Martin, C. E. (2005). Adolescent suicidality and crisis intervention. In A. R. Roberts (Ed.), *Crisis intervention handbook: Assessment, treatment and research* (3rd ed., pp. 395–415). New York: Oxford University Press.

Johnston, L. D., O'Malley, P. M., Bachman, J. G., & Schulenberg, J. E. (2007). *Monitoring the future national survey results on drug use, 1975–2006: Volume I, Secondary school students* (NIH Publication No. 07-6205) (699 pp.). Bethesda, MD: National Institute on Drug Abuse.

Jones, W. A. (1968). The A-B-C method of crisis management. *Mental Hygiene, 52*, 87–89.

Kaplan, H. I., & Sadock, B. J. (1998). *Synopsis of psychiatry: Behavioral sciences, clinical psychiatry* (8th ed.). New York: Lippincott Williams & Wilkins.

Kendler, K. S., Kessler, R. C., Walters, E. E., MacLean, C., Meale, M. C., Heath, A. C., et al. (1995). Stressful life events, genetic liability, and onset of an episode of major depression in women. *The American Journal of Psychiatry, 152*, 833–842.

Kessler, R. C., Heeringa, S., Lakoma, M. D., Petukhova, M., Rupp, A. E., Schoenbaum, M. et al. (2008). *The individual-level and societal-level effects of mental disorders on earnings in the United States: Results from the National Comorbidity Survey Replication*. American Journal of Psychiatry, published online ahead of print May 7, 2008.

Klerman, G. L. (1979). Discussion, part II. In J. E. Barrett, R. M. Rose, & G. L. Klerman (Eds.), *Stress and mental disorders* (pp. 111–120). New York: Raven Press.

Kline, M., Schonfeld, D., & Lichenstein, R. (1995). *How to prepare for and respond to a crisis*. Alexandria, VA: Association for Supervision and Curriculum Development.

Krakow, B., Melendrez, D., Johnston, L., Warner, T. D., Clark, J. O., Pacheco, M., et al. (2002). Sleep-disordered breathing, psychiatric distress, and quality of life impairment in sexual assault survivors. *Journal of Nervous and Mental Disease, 190*(7), 442–452.

Kübler-Ross, E. (1969). *On death and dying*. New York: Macmillan.

Leeb, R. T., Paulozzi, L., Melanson, C., Simon, T., & Arias, I. (2008). *Child maltreatment surveillance: Uniform definitions for public health and recommended data elements, version 1.0*. Atlanta, GA: US Department of Health and Human Services, CDC.

Lener, M. D., & Shelton, R. D. (2001). *Acute traumatic stress management: Addressing emergent psychological needs during traumatic events.* Commack, NY: The American Academy of Experts in Traumatic Stress.

Levinson, R. W. (2003). *Information and referral networks* (2nd ed.). New York: Springer.

Lewis, S., & Roberts, A. R. (2001). Crisis assessment tools: The good, the bad and the available. *Brief Treatment and Crisis Intervention, 1*, 17–28.

Lewis, S., & Roberts, A. R. (2002). Crisis intervention tools. In A. R. Roberts & G. J. Greene (Eds.), *Social workers desk reference* (pp. 208–212). New York: Oxford University Press.

Lichtenstein, R., Schonfeld, D., Kline, M., & Speese-Linehan, D. (1995). How to prepare for and respond to a crisis. Alexandria, VA: Association for supervision and curriculum development. In A. R. Roberts (Ed.), *Crisis intervention handbook* (3rd ed., pp. 499–518). New York: Oxford University Press.

Lindemann, E. (1944). Symptomatology and management of acute grief. *American Journal of Psychiatry, 101*, 141–148.

Lowery, B. (1987). Stress Research: Some theoretical and methodological issues. *Image, 19*(1), 42–46.

Luft, J., & Ingham, H. (1955). *The Johari Window: A graphic model for interpersonal relations.* University of California Western Training Lab. Development, August 1955; University of California at Los Angeles, Extension Office.

Lystad, M. (1988). Mental health response to mass emergencies: Theory and practice. New York: Brunner/Mazel.

Mason, J. W. (1975). A historical view of the stress field. *Journal of Human Stress, 1*, 6–27.

McEwen, B. S. (1995). Stressful experience, brain and emotions: Developmental, genetic and hormonal influences. In M. S. Gazzanga (Ed.), *The cognitive neurosciences* (pp. 1117–1138). Cambridge, MA: MIT.

Miller, S. D., & Berg, I. K. (1995). *The miracle method: A radically new approach to problem drinking.* New York: Norton.

Minuchin, S. (1974). *Families and family therapy.* Cambridge, MA: Harvard University Press.

Mitchell, J. T. (1988). Stress: The history and future of critical incident stress debriefings. *Journal of Emergency Medical Services, 13*, 7–52.

Mitchell, J. T. (1983, January). When disaster strikes: The critical incident stress debriefing process. *Journal of Emergency Medical Services, 8*, 36–39.

Mitchell, J. T. (1986, September/October). Critical incident stress management. *Response, 8*, 36–39.

Mitchell, J. T., & Everly, G. S. (1996). *Critical incident stress debriefing: An operations manual.* Ellicott City, MD: Chevron.

Mitchell, J. T., & Everly, G. S. (2001). *The basic critical incident stress management course: Basic group crisis intervention* (3rd ed.). Eliicott City, MD: International Critical Incident Stress Foundation, Inc.

Murray, C. J. L., & Lopez, A. D. (1996). *The global burden of disease* (Table 5.4, p. 270). Geneva, Switzerland: World Health Organization.

Myers, D. (2001). *Weapons of mass destruction and terrorism: Mental health consequences and implications for planning and training.* Retrieved May 5, 2008, from http://www.icisf.org/Acrobat%20Documents/TerrorismIncident/WMD_Myers.htm

Myer, R. A., Williams, R. C., Ottens, A. J., & Schmidt, A. E. (1992). Crisis assessments: A three-dimensional model for triage. *Journal of Mental Health Counseling, 14,* 137–148.

Nathan, P. E. (2004). Epilogue-The clinical utility of therapy research. In A. R. Roberts & K. Yeager (Ed.), *Evidence-based practice manual: Research and outcome measures in health and human services* (pp. 949–960). New York: Oxford University Press.

National Advisory Committee on Children and Terrorism. (2003). *Recommendations to the secretary* [Electronic version]. Retrieved June 1, 2008, from http://www.bt.cdc.gov/children/index.asp

National Health Transportation and Safety Administration (NHTSA). (2006). Traffic safety annual assessment. Data from *Historical Statistics of the United States, Millennial Edition, 4,* 4–841.

National Institute for Mental Health. (2001). *Helping children and adolescents cope with violence and disasters.* Retrieved April 30, 2004, from http://www.nimh.nih.-gov/ publicat/violence.cfm#viol3

National Violent Death Reporting System. (2005). CDC. Homicide and suicide rates—National Violent Death Reporting System, six states, 2003. *MMWR, 54,* 377–380.

Norris, F. H., Friedman, M., Watson, P., Byrne, C. M., Diaz, E., & Kaniasty, K. (2002). 60,000 disaster victims speak: Part I. A review of the empirical literature, 1981–2001. *Psychiatry, 65,* 207–239.

Ottens, A. J., & Pinson, D. K. (2005). Crisis intervention with caregivers. In A. R. Roberts (Ed.), *Crisis intervention handbook: Assessment, treatment, and research* (3rd ed., pp. 703–720). New York: Oxford University Press.

Parad, H., & Parad, L. (1990). Crisis intervention: An introductory overview. In H. Parad & L. Parad (Eds.), *Crisis intervention book 2: The practitioner's sourcebook for Brief Therapy* (pp. 3–66). Milwaukee: Family Service Association of America.

Perry, B., & Azad, I. (1999). Posttraumatic stress disorders in children and adolescents. *Current Opinion in Pediatrics, 11*(4), 310–316.

Petry, N. M. (1999). Alcohol use in HIV patients: What we don't know may hurt us. *International Journal of STD & AIDS*, 10: 561–570.

Phillips, S. J., Freedberg, K. A., Traphagen, E.T., Horton, N. J., & Samet, J. H. (2001). Screening for alcohol problems in HIV-infected primary care patients. *Journal of General Internal Medicine, 16*, 165.

Puryear, D. A. (1979). *Helping people in crisis* (pp. 51–52). San Francisco: Jossey-Bass.

Quick, E. K. (1998). Strategic solution focused therapy: Doing what works in crisis intervention. *Crisis Intervention and Time-Limited Intervention, 4*, 197–214.

Rabkin, J. G., Goetz, R. R., Remien, R. H., Williams, J. B. W., Todak, G., & Gorman, J. M. (1997). Stability of mood despite HIV illness progression in a group of homosexual men. *The American Journal of Psychiatry, 154*, 231–238.

Rabkin, J. G., & Struening, E. L. (1976). Life events, stress, and illness. *Science, 194*, 1013–1020.

Rank, M. G., & Gentry, J. E. (2003). Critical incident stress: Principles, practices, and protocols. In M. Richard, W. Hutchinson, & W. Emener (Eds.), *Employee assistance programs: A basic text* (3rd ed., pp. 208–215). Springfield, IL: Charles C. Thomas Publisher.

Rapoport, L. (1962). The state of crisis: Some theoretical considerations. *Social Service Review, 36*, 211–217.

Regehr, C. (2001). Crisis debriefing groups for emergency responders: Reviewing the evidence. *Brief Treatment and Crisis Intervention, 1*(2), 87–100.

Regehr, C., & Bober, T. (2004). *In the line of fire: Trauma in the emergency services.* New York: Oxford University Press.

Resick, P., & Mechanic, M. (1995). Cognitive processing therapy with rape victims. In A. R. Roberts (Ed.), *Crisis intervention and time-limited cognitive treatment* (pp. 182–198). Thousand Oaks, CA: Sage.

Rinn, W., Desai, N., Rosenblatt, H., & Gastfriend, D. R. (2002). Addiction denial and cognitive dysfunction: A preliminary investigation. *The Journal of Neuropsychiatry and Clinical Neurosciences, 14*, 52–57, American Psychiatric Press, Inc.

Roberts, A. R. (1991). *Contemporary perspectives on crisis intervention and prevention.* Englewood Cliffs, NJ: Prentice-Hall.

Roberts, A. R. (1995). Crisis intervention units and centers in the united states: A national survey. In A. R. Roberts (Ed.), *Crisis intervention and time-limited cognitive treatment* (pp. 54–70). Thousand Oaks, CA: Sage.

Roberts, A. R. (1996). *The epidemiology of acute crisis in American society. Crisis management and brief treatment* (pp. 13–28). Chicago: Nelson-Hall.

Roberts, A. R. (1998). *Battered women and their families: Intervention strategies and treatment programs* (2nd ed.). New York: Springer.

Roberts, A. R. (2000). An overview of crisis theory and crisis intervention. In A. R. Roberts (Ed.), *Crisis intervention handbook: Assessment, treatment and research* (2nd ed., pp. 3–30). New York: Oxford University Press.

Roberts, A. R. (2002). Assessment, crisis intervention, and trauma treatment: The integrative ACT model. *Brief Treatment and Crisis Intervention 2*(1), Spring 2002, p. 6.

Roberts, A. R. (2005a). An overview of crisis theory and crisis intervention. In A. R. Roberts (Ed.), *Crisis intervention handbook.* (3rd ed.). New York: Oxford University Press.

Roberts, A. R. (2005b). Bridging the past and present to the future of crisis intervention and crisis management. In A. R. Roberts (Ed.), *Crisis intervention handbook: Assessment, treatment and research* (3rd ed., pp. 3–34). New York. Oxford University Press.

Roberts, A. R. (2005c). Bridging the past and present to the future of crisis intervention and crisis management. In A. R. Roberts (Ed.), *Crisis intervention handbook: Assessment, treatment and research* (3rd ed., pp. 6–32). New York: Oxford University Press.

Roberts, A. R., & Everly, G. S. (2006). A meta-analysis of 36 crisis intervention studies. *Brief Treatment and Crisis Intervention*, *6*(1), 10–21, New York: Oxford University Press.

Roberts, A. R., & Grau, J. J. (1970). Procedures used in crisis intervention by suicide prevention agencies. *Public Health Reports*, *85*, 691–698.

Roberts, A. R., & Yeager, K. R. (2005a). Lethality assessment and crisis intervention with persons presenting with suicidal ideation. In A. R. Roberts (Ed.), *Crisis intervention handbook* (3rd ed., pp. 35–63). New York: Oxford University Press.

Roberts, A. R., & Yeager, K. R. (2005b). Crisis intervention with persons presenting with suicidal ideation. In A. R. Roberts (Ed.), *Crisis intervention handbook* (3rd ed. p. 42). New York: Oxford University Press.

Roberts, A. R., & Roberts, B. S. (2005). A comprehensive model for crisis intervention with battered women and their children. In A. R. Roberts (Ed.), *Crisis interven-*

tion handbook: Assessment, treatment and research (3rd ed., pp. 441–482). New York: Oxford University Press.

Roberts, A. R., Yeager, K. R., & Streiner, D. L. (2004). Evidence-based practice with comorbid substance abuse, mental illness and suicidality: Can the evidence be found? *Brief Treatment and Crisis Intervention, 4*, 123–136.

Rose, D. S. (1993). Sexual assault, domestic violence, and incest. In D. E. Stewart, & N. L. Stotland (Eds.), *Psychological aspects of women's health care: The interface between psychiatry and obstetrics and gynecology*. Washington, DC: American Psychiatric Press.

Rose, S., Brewin, C. R., Brewin, A. B., & Kirk, M. (1999). A randomized controlled trial of individual psychological debriefing for victims of violent crime. *Psychological Medicine, 29*, 793–799.

Rosenfeld, L. B., Lahad, M., & Cohen, A. (2001). Disaster, trauma and children's resilience: A community response perspective. In J. M. Richman, & M. W. Fraser (Eds.), *The context of youth violence: Resilience, risk and protection* (pp. 133–186). Westport, CT: Greenwood Publishing Group.

Russell, D. H. (1986). *The secret trauma: Incest in the lives of girls and women*. New York: Basic Books.

SAMHSA. (2002). *Report to congress on the prevention and treatment of co-occurring substance abuse disorders and mental disorders*. Prevention of Co-Occurring Disorders: Prevention for Older Adults, Chapter 3, Nov. 2002, p. 1

Sapolsky, R. M. (1998). *Why zebras don't get ulcers: An updated guide to stress, stress-related diseases, and coping*. New York: W. H. Freeman and Company.

Schonfeld, D. (1989). Crisis intervention for bereavement support: A model of intervention in the children's school. *Clinical Pediatrics, 28*, 27–33.

Schonfeld, D., Kline, M., & Members of the Crisis Intervention Committee. (1994). School-based crisis intervention: An organizational model. *Crisis Intervention and Time-Limited Treatment, 1*, 155–166.

Selye, H. (1956). *The stress of life*. New York: McGraw-Hill.

Shapiro, F. (1995). *Eye movement desensitization and reprocessing: Basic principles, protocols, and procedures*. New York: Guilford Press.

Slaikeu, A. (1990). *Crisis intervention: A handbook for practice and research*. Boston, MA: Allyn & Bacon.

Sluzki, C. E. (1992). Transformations: A blueprint for narrative changes in therapy. *Family Process, 31*, 217–230.

Snelgrove, T. (1998). Debriefing under fire. *Trauma Lines, 3*(2), 3–11.

Stapleton, A. B., Lating, J., Kirkhart, M., & Everly, G. S. (2006). Effects of medical crisis intervention on anxiety, depression, and posttraumatic stress symptoms: A meta-analysis. *Psychiatric Quarterly, 77*(3), 231–238, Springer.

The Joint Commission. (2008). *Standing together an emergency planning guide for America's communities.* Retreived June 1, 2008, from: http://www.jointcommission.org/NewsRoom/PressKits/PlanningGuide/executive_summary.htm

The National Center on Addiction and Substance Abuse (CASA) at Columbia University. (2007). *Wasting the Best and Brightest: Substance Abuse at America's Colleges and Universities.* Retrieved May 9, 2008, from http://www.casacolumbia.org/absolutenm/templates/PressReleases.aspx?articleid=477&zoneid=65

Tjaden, P., & Thoennes, N. (2000). Extent, nature, and consequences of intimate partner violence: Findings from the National Violence Against Women Survey. Washington, DC: Department of Justice (US). Publication No.: NCJ 181867.

Tyhurst, J. S. (1957). The role of transition states—including disasters—in mental illness. In *Proceedings of the symposium on preventative and social psychiatry.* Washington, DC: Walter Reed Army Institute.

US Department of Health and Human Services. (2006). *Administration on children, youth and families.* Washington, DC: Child Maltreatment.

Walters, J., & Finn, E. (1995). Handeling client crises effectively on the telephone. In A. R. Roberts (Ed.), *Crisis intervention and time-limited cognitive treatment* (pp. 251–289). Thousand Oaks, CA: Sage.

Weishaar, M. E. (2004). A cognitive behavioral approach to suicide risk reduction in crisis intervention. In A. R. Roberts, & K. Yeager (Eds.), *Evidence-based practice manual: Research and outcome measures in health and human services* (pp. 749–757). New York: Oxford.

Wingood, G., DiClemente, R., & Raj, A. (2000). Adverse consequences of intimate partner abuse among women in non-urban domestic violence shelters. *American Journal of Preventive Medicine, 19,* 270–275.

Wishaar, M. E. (2004). A cognitive behavioral approach to suicide risk reduction in crisis intervention. In A. R. Roberts, & K. Yeager (Eds.), *Evidence-based practice manual: Research and outcome measures in health and human services* (pp. 749–757). New York: Oxford University Press.

Wixen, H. (1978, October–November). Lesson in living. *Modern Maturity,* 8–10.

Wolpe, P. R., Gorton, G., Serota, R., & Sanford, B. (1993). Predicting compliance of dual diagnosis inpatients with aftercare treatment. *Hospital & Community Psychiatry, 44,* 45–49.

Worden, J. W. (2002). *Grief counseling and grief therapy* (3rd ed.). New York: Springer.

World Health Organization. (2003). *Mental health in emergencies.* Geneva, Switzerland: WHO Geneva. Retrieved April 29, 2004, from National Center for Post-traumatic Stress Disorder Web site: www.ncptsd.org

Wortman, Cohen-Silver, & Kessler. (1993). The meaning of loss and adjustment to bereavement. In M. S. Stroebe, (2001). *Handbook of bereavement research: Consequences, coping, and care* (1st ed., pp. 349–365). Washington, DC: American Psychological Association.

Wurr, C. J., & Partridge, I. M. (1996). The prevalence of a history of childhood sexual abuse in an acute adult inpatient population. *Child Abuse and Neglect, 20*(9), 867–872.

Yeager, K. R., & Gregiore, T. K. (2000). Crisis intervention application for brief solution-focused therapy in addictions. In A. R. Roberts (Ed.), *Crisis intervention handbook: Assessment, treatment and research* (2nd ed., pp. 275–306). New York: Oxford University Press.

Yeager, K. R., & Gregoire, T. K. (2005). Crisis intervention application of brief solution focused therapy in additions. In A. R. Roberts (Ed.), *Crisis intervention handbook* (3rd ed., pp. 566–602). New York: Oxford University Press.

Yeager, K. R., & Roberts, A. R. (2003). Differentiating among stress, acute stress disorder, crisis episodes, trauma, and PTSD: Paradigm and treatment goals. *Brief Treatment and Crisis Intervention, 3*, 3–26, New York: Oxford University Press.

Yeager, K. R., & Roberts, A. R. (2004). Mental illness, substance dependence and suicidality: Secondary data analysis. In A. R. Roberts, & K. Yeager (Eds.), *Evidence-based practice manual: Research and outcome measures in health and human services* (pp. 7–75). New York: Oxford University Press.

Young, M. A. (1994). *Responding to communities in crisis.* Washington, DC: National Organization for Victim Assistance, NOVA.

Ystgaard, M., Hestetun, I., Loeb, M., & Mehlum, L. (2004). Is there a specific relationship between childhood sexual and physical abuse and repeated suicidal behavior? *Child Abuse and Neglect, 28*(8), 863–875.

國家圖書館出版品預行編目（CIP）資料

助人者危機介入的隨身指南／Albert R. Roberts, Kenneth R. Yeager 著；方匯德等譯.--初版.—臺北市：心理，2013.09
面；　公分.--（輔導諮商系列；21106）
譯自：Pocket guide to crisis intervention
ISBN 978-986-191-564-7（平裝）

1.心理輔導　2.手冊

178.3026　102017521

輔導諮商系列 21106

助人者危機介入的隨身指南

作　　者：Albert R. Roberts & Kenneth R. Yeager
校 閱 者：賴念華
譯　　者：方匯德、呂伯杰、張家瑜、陳巧芸、黃瀠、賴念華
執行編輯：陳文玲
總 編 輯：林敬堯
發 行 人：洪有義
出 版 者：心理出版社股份有限公司
地　　址：231026 新北市新店區光明街 288 號 7 樓
電　　話：(02) 29150566
傳　　真：(02) 29152928
郵撥帳號：19293172　心理出版社股份有限公司
網　　址：https://www.psy.com.tw
電子信箱：psychoco@ms15.hinet.net
排 版 者：鄭珮瑩
印 刷 者：東縉彩色印刷有限公司
初版一刷：2013 年 9 月
初版五刷：2022 年 2 月
I S B N：978-986-191-564-7
定　　價：新台幣 280 元